치유의 꿈, 루카스 이야기

믿음이란
한 알의 밀알이 땅에 떨어져 죽음으로 많은 열매를 맺음과 같이
진리의 열매를 위하여 스스로 죽는 것을 뜻합니다.
눈으로 볼 수는 없으나 영원히 살아 있는 진리와
목숨을 맞바꾸는 자들을 우리는 믿는 이라고 부릅니다.
「믿음의 글들」은 평생, 혹은 가장 귀한 순간에
진리를 위하여 죽거나 죽기를 결단하는
참 믿는 이들의, 참 믿는 이들을 위한, 참 믿음의 글입니다.

치유의 꿈, 루카스 이야기

이 땅의 상처받은 모든 사람들을 위한 치유와 회복의 노래

정진호 지음

홍성사

이 책을 상처 입은 모든 아버지와 어머니, 남편과 아내
그리고 그의 사랑하는 아들딸들에게 바칩니다.

"Dedicated to all the hurted fathers and mothers,
husbands and wives
and their beloved sons and daughters."

프롤로그

이 책은 한반도를 뜨겁게 달궜던 2002년 월드컵과 대통령 선거, 두 여중생 사망을 추모하는 촛불 시위의 함성과 외침 속에서 씌었다. 그해는 전 세계에 흩어진 우리 한민족에게 분열과 미움과 갈등의 상처들로부터 벗어나 새로운 화합과 사랑과 어울림에 대한 한 가닥 희망을 안겨 주었다.

분단 상황과 냉전, 북한의 핵 위협과 미국의 보수 강경 노선의 대립, 꼬리를 무는 전쟁의 소문들, 망국적 지역 갈등, 정치권의 분열과 부정부패, 신구 세대간 갈등, 노사 분규, 경제 불황과 실직의 불안, 사회적 안전 불감증에 의한 대형 참사들, 기상이변과 재난, 그리고 종말론적인 불안심리에 이르기까지, 여전히 우리를 위협하고 불안에 떨게 하는 많은 요인과 억압적인 세력들은 존재하고 있다. 그러나 지금 그 모든 모순들을 뒤로하고 새로운 빛을 향해 한 걸음 나아가고자 하는 갈망이 있다. 그 소망은 한국인뿐 아니라 북한의 우리 동포와 전 세계에 흩어진 700만 코리안 디아스포라에 이르기까지 퍼져나가야 한다.

주변을 둘러보면 우리를 아프게 하는 수많은 상처들이 존재한다. 그 상처를 안고 살아가는 우리의 가족과 이웃과 민족이 있다. 우리에게 상처를 안겨 준 근원적, 역사적 배경과 원인들을 하나씩 살펴보며, 치유와 회복을 위해 발걸음을 떼는 순례자의 심정으로 글을 적었다. 열두 개의 화두를 따라 열두 화폭을 펼쳐 놓은, 치유를 위한 시화전이라고나 할까.

루카스 이야기는 바로 상처받은 영혼으로부터 흘러나오는 위대하고 영원한 사랑의 이야기이다. 우리가 루카스를 알고, 루카스를 사랑하며, 루카스가 되는 순간, 치유와 회복은 시작된다. 상처 입은 사람들을 싸매어 주고 사랑하는 마음들이 하나 둘 늘어 가는 사회는 분명 아직 희망이 있는 사회일 것이다. 적어도 우리에게는 그런 사회를, 그런 나라를 만들고 싶은 소망과 소원이 있다.

중국에 건너와서 조선족과 한족 젊은이들을 가르치며 일한 지 어느새 10년이 되었다. 내 안에 간직한 소원이 있다면, 복음·통일·중국을 향한 세 가지 간절한 마음이다. 한국의 대학에서 강의한 일도 있고 중국의 대학에서도 가르치고 있지만, 언젠가 북한의 청년들을 가르치게 될 벅찬 날을 가슴에 품어 본다. 상처 입은 우리 동포들을 복음 안에서 끌어안고 치유하기를 원한다.

왜곡된 역사를 회복하고 통일을 이루어, 21세기 중국을 향해 마음껏 뻗어 가는 젊은이들을 키워 내고 싶다. 우리 안에 있는 모든 분열의 역사가 사라지고 하나 된 마음으로 통일된 나라에서 오순도순 정을 나누며 살아갈 수만 있다면……. 그것이 21세기 후손들에게 유산으로 남겨 주어야 할 우리의 몫이 아닐까?

상처는 치유되기 위해 존재한다.

모든 분열의 상처들을 치유할 오직 한 길을 사모하며, 통일을 꿈꾼다.

"하나님도 하나이시니 곧 만유의 아버지시라 만유 위에 계시고 만유를 통일하시고 만유 가운데 계시도다"(엡 4:6).

차 례

첫 번째 이야기 **생명**

루카스 이야기

생 명

생명은 고귀하다.
사람의 생명은 더욱 고귀하다.
천하보다도 귀한 한 생명.
그래서 그것을 존귀하다고 말한다.

한 사람에게 60조 개의 세포가 존재하고,
한 개의 세포 속에는 30억 쌍의 염기가 존재하고…….
그 때문에 사람의 생명이 존귀해지는 것은 아니다.

생명이 존귀한 것은
그 생명을 잉태한 존재의 존귀함 때문이다.
"오늘날 내가 너를 낳았다" 하며
활짝 웃는 그 기쁨으로 우리는 존귀한 존재가 된다.

생명의 경이로움은 우리를 겸손하게 한다.
그러나 생명의 존귀함은,
우리를 행복하게 만든다.

루카스 이야기

"데이브레이크(Daybreak)의 하루를 기억하라."

아마도 내가 살아가면서 사역에 지쳐 내 영혼이 곤고한 날이 이를 때면, 데이브레이크를 회상할 것이다. 데이브레이크에서의 하루는 내 인생에서 사역적 영성을 갱신시키고, 갈증 가운데 새벽이슬을 마시는 것 같은 영적 각성의 기쁨을 안겨 준 특별한 날이었다. 육신의 피곤함을 이끌고 찾아간 그곳에서 나는 영혼 깊은 곳을 어루만지며 위로하시는 그분을 직접 체험했다.

2002년 6월은 한국 축구의 월드컵 열기로 전 세계에 흩어진 우리 민족의 마음을 한껏 달구어 놓고 있었다. 캐나다 토론토 코스타(KOSTA)가 끝난 직후, 강의하랴 축구 응원하랴 지칠 대로 지친 강사진들은 하루를 함께 보내며 조용히 휴식을 취하고 싶었다. 그 전 주에 밴쿠버 코스타를 치르고 도착했던 나는 토론토를 거쳐 다시 시카고 코스타를 향해 떠나야 할 상황이었기에 더욱 휴식이 필요했다. 청년사역을 소명으로 여기는지라, 어렵게 떠난 여행길에서 한 사람의 청년이라도 더 만나고 가겠다는 영적 욕심이 무리한 스케줄을 만들었던 것이다.

우리는 토론토 근처의 데이브레이크를 찾아갔다. 헨리 나웬 신부가 장애인들을 위해 사역한 곳으로 널리 알려진 라르슈(L' Arche) 공동체가 있는 지역이었다. 책을 통해 나웬 신부를 비교적 가깝게 느끼고 있던 나는 그의 깊고 순결한 영성에 한 걸음 가까이 다가간다는 설렘으로 발걸음을 옮겼다. 예일 대학과 하버드 대학에서 가르치던 그가 모든 학문적 명성을 뒤로하고 세상에서 가장 소외받는 장애인들을 위해 여생을 바친 일은 결코 예사롭지 않았기에 많은 사람들의 기억 속에 남아 있었다.

숲속에 한가롭게 세워진 아담한 별장으로 안내를 받아 여장을 푼 우리는, 바로 그 건물이 나웬 신부가 장애인들과 함께 기거하던 집이라는 사실을 알게 되었다. 그가 잠을 자던 침대와 책을 읽던 서가를 둘러보며 한 시대를 하나님의 뜻대로 살고자 노력했던 위대한 신학자의 체취와 온기가 밤의 정적을 타고 다가옴을 느꼈다. 근처의 거리에 나가 가벼운 산책과 쇼핑을 하고 돌아온 우리 일행은 그동안 못다 한 이야기들로 밤을 지새웠다.

다음날은 한국과 터키의 월드컵 3, 4위전이 있었다. 코스타 강사진들을 배려하는 목사님의 친절한 안내를 받으며 새벽 일찍 눈을 떴다. 아쉬운 경기였지만 열심히 싸운 한국 축구팀을 향해 마음의 박수갈채를 보내며 다시 라르슈 공동체로 돌아온 우리는 부족한 수면 탓에 거의 눈이 감길 지경이 되었다. 모든 것을 뒤로하고 그저 쉬고 싶은 마음밖에는 없었다. 하지만 오전에 예배당에서 헨리 나웬 신부의 인생을 돌아보는 세미나를 듣도록 예정되어 있었기에 일행은 마지못해 또 발걸음을 옮겼다. 그런데 뜻밖에도 나는 그곳에서 사역에 지쳐서 잠든 내 영혼의 안팎을 뒤흔들어 깨우는 신비한 영적 체험을 하게 되었다. 헨리 나웬 신부의 맑고 깊은 영혼에서 흘러나오는 강하고 온유한 메시지를 접하게 되었을 뿐 아니라, 평생 잊을 수 없는 아름다운 이야기, '루카스 스토리'를 들었던 것이다.

■ ■ ■

아름답게 지어진 예배당에서 우리를 맞이한 사람은 수(Sue)라고 불리는 온화한 중년 여성이었다. 그녀는 자신을 먼저 소개하며 그곳으로 찾아온 우리들의 내면의 이야기들을 듣고 싶어했다. 그녀의 자연스런 인도를 따라 자기소개를 한 후 나웬 신부의 육성 설교 비디오테이프를 보게 되었다. 오병이어의 기적을 나타내 보이시는 예수의 모습을 재연이라도 하는 듯 나웬 신부의 온유하고 잔잔한 설교가 흘러나왔다. 둥근 빵을 하나 집어 들고 축사하며 그것을 쪼개어 나누어주는 나웬 신부의 모습에서, 비록 육신은 죽어 땅에 묻혀 있지만 그리스도 안에서 영원히 죽지 않고 살아 있는 그의 영성을 체감할 수 있었다.

"예수의 인생은 본문에 나타난 4개의 동사로 요약될 수 있습니다. 취하시고(taken), 축사하시고(blessed), 쪼개시고 (broken), 나누어주심(given), 바로 이것입니다.

세례 요한 앞에서 무릎 꿇어 세례를 받으실 때 하나님께서는 아들의 헌신을 받으셨습니다. 그는 그때 하나님 손에 붙잡힌 바(taken) 되었고, 하나님은 그를 기뻐하시며 하늘 문을 열어 성령을 비둘기같이 내려 그의 머리 위에 머물게 하심으로 축사(blessed)하셨습니다. '이는 내 사랑하는 아들이요 내 기뻐하는 자라.' 그 축복으로 말미암아 예수는 자신의 사역을 감당할 수 있는 힘을 얻으셨고 자신의 몸을 십자가에 찢기며 (broken) 그로 말미암아 많은 사람들을 살리는 생명의 떡으로 자신을 나누어주신(given) 것입니다.

그러므로 이제 우리에게도 이 네 가지 동사를 통한 삶이 요구됩니다. 그것이 바로 크리스천의 삶의 핵심입니다."

7분짜리 간결한 그 설교가 얼마나 강렬하게 내 영혼을 흔들었던지, 그 순간에 나는 지난 8년간의 중국 사역을 돌이켜보며 깊이 깨달은 것이 있었다. 하나님 안에서 지나온 나의 시간들 역시이 네 개의 동사 안에 모두 녹아 함축되어 있었다. 보잘것없는 인생이 하나님 손에 붙잡힌바 되어 그분의 축사하심을 받았고, 세상 속에 나아가 자신을 쪼개어 나누어주기 위해 애쓰며 살아온 것이 또한 사실이었다. 그런데 왜 난 이렇듯 힘들고, 왜 내게서 기쁨이 사라졌을까? 네 가지 동사 중에 하나에 문제가 생겼다는 것을 알았다. 내가 하나님 손에 붙잡힌 것에 대한 확신도 있었고, 사역지에서 자신을 쪼개고 나누어주는 일에 열심을 다하기도 하였지만, 그분이 지금도 지속적으로 나를 사랑하시고 기뻐하시며 내 인생을 위해 축사하고 계시다는 사실을 어느덧 망각해 버렸던 것이다. 사역의 출발점, 모든 기쁨과 위로의 원천인 하나님의 축사하심(blessed)을 망각해 버린 사역자에게는 더 이상 기쁨이 존재할 수 없었던 것이다.

설교가 끝나자 수(Sue)는 우리에게 1년 전 데이브레이크 공동체에서 실제로 있었던 실화 하나를 소개해 주었다.

■ ■ ■

장애인 부부가 있었다. 서로 사랑하는 그 부부는 간절히 아이 갖기를 원했다. 그러나 그들의 바람은 오랜 기다림이 필요했다. 두 번에 걸친 유산은 그들의 마음을 몹시도 아프게 했다. 하지만 포기하지 않았다. 어렵게 들어선 세 번째 아이를 위해 기도하던 중 또다시 통증이 찾아왔다. 황급히 병원으로 찾아간 그들에게 의사는 아직 아이가 살아 있다고 안심시켜 주었다. 그러나 기쁨도 잠깐. 놀란 가슴을 쓸어내리던 그들에게 정밀 검사 결과를 가지고 돌아온 의사는 침착하게 그러나 단호하게 이야기를 꺼냈다.

"당신들의 뱃속 아이에게서 심각한 장애가 발견되었습니다. 지금 당장 인공유산을 시켜야 합니다."

아이의 뇌가 골 밖으로 나와 있는 치명적인 장애였다. 이런 경우는, 아이가 죽지 않고 세상에 나오더라도 아무것도 먹지도 마시지도 못할 뿐 아니라 호흡장애를 일으킬 것이기에 아마도 15분을 살기가 힘들 거라고 했다. 청천벽력과 같은 말을 들은 부부는 순간 아연실색하여 어찌할 바를 몰랐다. 얼마나 기다리던 아이인가? 그리고 지난 몇 주 동안 얼마나 애틋하게 사랑하며 어루만지던 생명인데, 내 손으로 죽여야 하다니! 도무지 그럴 수가 없었다. 그들은 의사에게 아이를 뱃속에서 계속 키우겠다고 말했다. 그러나 의사는 그 말을 냉정하게 잘랐다. 그럴 수 없다, 당신들이 아이를 낳은 후 받아야 할 상처는 지금 아이를 유산시킬 때 받게 되는 상처보다 훨씬 더 클 것이기에 의사인 자신의 충고를 받아들이라고 말했다. 그러나 그 부부는 생명을 죽일 수가 없었다. 의사는 버럭 화를 내었지만 결국 그들은 아이를 키우기로 결단했다.

집으로 돌아온 부부는 뱃속 아이의 이름을 루카스(Lucas)라고 지었다. 그리고 자신들에게 주어진 몇 달의 시간을 루카스를 위해 최선을 다해 살았다. 그들은 매일 루카스에게 아름다운 찬양을 들려주었고, 루카스를 위해 기도했다. 루카스를 볼 수는 없으나 만질 수 있었고 느낄 수 있었기에 매일 그 아이와 깊은 영적 대화를 나누었다. 루카스의 살아 있음이 느껴질 때마다 그들은 감격했으며 그로 인해 감사했다. 루카스의 심장 박동을 느낄 때마다 부부의 애절한 사랑이 루카스의 혈관을 타고 흘러 들어가는 것만 같았다. 그들 안에는 사랑으로 잉태된 생명의 신비가 있었던 것이다.

마침내 출산의 날이 다가왔다. 긴장과 두려움 속에서, 그러나 감격 가운데 아이를 받았을 때, 부부는 세상에서 가장 아름다운 자기 아들의 얼굴을 볼 수 있었다. 어쩌면 그렇게 아름답고 사랑스러울 수 있을까? 그러나 아이의 머리 뒤에는 뇌가 삐져나온 주머니가 달려 있었다. 의사의 충고에 따라 부부는 루카스를 최대한 밀착하여 안아 주었다. 부모의 피부 접촉이 아이의 생명을 조금이나마 연장시킬 수 있을지 모른다는 생각에서였다. 루카스가 부모의 사랑을 조금이라도 더 느낄 수 있도록 그 어린 핏덩이를 배 위에 올려놓고 보물처럼 껴안아 주었다. 따뜻한 온기가 느껴졌다. 루카스는 힘겹게 숨을 몰아쉬면서도 평온하게 잠든 것처럼 보였다. 주어진 15분이 지나가고 있었다. 그러나 30분이 지나고 한 시간이 지나도록 루카스는 여전히 가쁜 숨을 몰아쉬며 살아 있었다. 두 시간, 세 시간이 지나자, 의사는 더 이상 병원에서 할 일이 없으니 집으로 데리고 가라고 했다.

루카스를 집으로 데리고 온 부부는 그날부터 루카스에게 해 줄 수 있는 모든 것들을 해 주기 시작했다. 사랑하는 자식을 위해 부모가 평생 동안 할 수 있는 모든 일들을 모아 놓은 것 같은 나날이었다. 루카스를 위해 서둘러 세례를 받게 했으며, 그를 위해 기도하고, 조심스레 닦아 주고, 매일 선물을 안겨 주었다. 공동체의 식구들을 불러 날마다 작은 파티를 열었다. 모든 사람들이 루카스를 보고 기뻐하며 사랑의 말을 던졌고, 서로 위로하며 또 위로를 받았다. 그렇게 아름다운 날들이 지나간 후 마침내 루카스의 마지막 시간이 다가왔다. 루카스는 17일을 살아냈다. 부부는 사랑하는 아들 루카스의 임종을 아프게, 그러나 담담하게 지켜보았다.

루카스를 떠나보내던 날, 데이브레이크 예배당에서는 사랑하는 공동체 식구들과 함께하는 루카스의 장례 예배가 조촐하게 진행되었다. 단 위에 놓인 작디작은 관 안에 루카스의 어여쁜 시신이 들어 있었다. 모두가 그의 죽음을 애도하고 또 슬퍼했다. 예식이 끝나고 루카스에게 작별을 고해야 하는 시간이 다가왔

다. 앞으로 걸어 나와 관 앞에 선 루카스의 부모가 잠시의 침묵
을 깨고 입을 열었다.

"루카스와 함께했던 지난 9개월은 참으로 소중하고 아름답고
행복한 시간들이었습니다. 그리고 그 시간 동안 우리는 루카스
와 얼마나 많은 사랑을 나누고 대화를 나누었는지 모릅니다. 지
금도 우리는 루카스를 사랑하고 있습니다⋯⋯."

그들은 조용히 말을 이어나갔다. 마지막으로 루카스의 아버지
가 말했다.

"저는 루카스로 인해 비로소 아버지가 될 수 있었습니다. 나
를 아버지로 만들어 준 내 아들 루카스에게 감사합니다. 루카스
는, 사랑하는 아들의 고통과 죽음을 지켜보는 아버지의 마음을
알게 해 주었습니다."

■ ■ ■

루카스 이야기는 이렇게 끝을 맺었다.

루카스 이야기를 들은 후, 우리 일행 중 어떤 이는 받은 감동
이 넘쳐서 울기 시작했고, 어떤 이는 깊은 묵상에 잠겼으며, 어
떤 이는 아버지의 품속에 안긴 어린아이처럼 깊은 잠에 빠져들
었다. 나는 휘몰아치는 감동 때문에 도무지 그 자리에 있을 수가
없었다. 테라스의 문을 열고 나서니 예배당 앞의 아름다운 연못

과 눈부신 햇살이 온몸을 따뜻하게 감쌌다. 나는 예배당을 둘러싼 숲속 오솔길을 걸으며 루카스를 생각했다. 17일의 인생을 살다 간 아이, 루카스. 내 걸음은 신비한 사랑을 막 체험한 사람마냥 연못 주변을 두둥실 떠가고 있었다. 그때 어떤 잔잔한 음성이 내 귀에 들렸다.

"바로 네가 루카스다."

내가 70년을 사는 것과 17일을 사는 것이 어떤 차이가 있을까? 하나님 앞에서 우리 인생은 모두 장애인일 수밖에 없다. 그것도 틀림없이 죽을 수밖에 없는 치명적인 장애를 안고 태어나는 인생들이다. 그런 줄 알면서도 우리를 포기하지 않으시고 태속에서부터 알고 지명하여 이름을 불러 주시며 우리를 사랑하여 이 세상에 태어나게 하신 이, 그 아버지의 사랑을 네가 아느냐? 갑자기 감동이 휘몰아치며 눈물이 앞을 가렸다.

루카스는 죽었고 땅에 묻혔다. 그러나 그 부부의 마음속에, 루카스는 영원히 살아 있다. 그리고 내 마음속에도 루카스는 살아 지금도 숨쉬고 있다.

두 번째 이야기 **겨레**

우리 연변에서는

겨레

한 겨레로 태어났다는 것,
그 의미는 무엇일까?

내 아버지의 아버지가
당신 아버지의 어머니와
먼 친척뻘이 된다는 것인가?
우리의 노란 얼굴색이,
납작한 콧잔등이 서로 닮았다는 뜻인가?
우리 아이들의 엉덩이 반점이 겨레를 말해 주는가?

겨레는 그런 뜻이 아니다.

억울한 헤어짐으로 가슴 에듯 아파할 때
재회의 통곡을 보며 함께 눈물 흘릴 때
구수한 된장국으로 주름진 미소가 마주볼 때
놀이패 어울림의 장단으로 어깨춤이 절로 날 때
골 하나의 통쾌함으로 반도 산천이 메아리칠 때
하나가 되고픈 간절함으로 숨죽여 흐느껴 기도할 때

우리는 겨레가 된다.

우리 연변에서는

MBC 텔레비전에서 탈북자들의 비참한 실상을 방영하여 충격을 준 일이 있었다. 탈북 여성들이 중국 공안과 결탁한 중국인들에게 이리저리 팔려 다니며 인간으로서 도저히 감당할 수 없는 육체적 유린을 당한다는 이야기와 그 일에 일부 조선족들이 연루되어 있다는 내용이었다. 그로 말미암아 분개한 한국인들이 조선족을 질타하는 글을 인터넷에 올렸고, 또 그에 반박하는 조선족의 글이 함께 올라 있는 것을 보았다. 문제의 사이트에 올라온 어느 조선족의 글을 한번 옮겨 보자.

한국 사람은 한국에 있는 조선족을 어떻게 했는가? 또 지금은 어떻게 하고 있는가? 님 글 쓴 것을 보니 한국 사람이 분명한데, 당신이 그렇게 입을 벌려 말할 자격이 있어요? "북한 사람을 구해 줘야 하는 이는 조선족"이라고 말이다. 지금 한국에 와 있는 조선족이 어떤 개고생 다 하면서 살아가는지는 알긴 하는가! 우리도 너네한테 팔려 봤고 당했었다. 비록 우리 중에 나쁜 사람이 없다는 것은 아니다. 하지만 우리는 그래도 대부분의 북한 형제들을 감싸 주고 있다. 만약 중국에 조선족이라도 없었더라면 30만 탈북자가 이보다 더 비참한 짓을 당했을지도 모른다. 북한 사람들 대부분이 살고 있는 곳이 어디고, 그들을 먹여 주고 탈북 동포들을 살려 주느라 중국 공안에 붙들려 가는 이들은 또 누구더냐? 바로 조선족이다. 북조선 사람들이 건너올 때도 그나마 한 가닥 희망이 조선족이다. 우리는 한국보다는 못살지만 우리 힘 있는 대로 돕는다. (중략) 자기들이 그런 짓을 할 때는 모르더니만 다른 사람이 하는 것을 보니까 그렇게 참혹하게 여겨지는지……. 하지만 나는 그런 짓을 한 우리 조선족도 용서 못한다. 아무튼 우리 민족은 서로를 생각해야 할 자태가 필요하다.

"우리 연변에서는"으로 시작하는 한창 유행했던 개그 프로그램이 있다. 그로 인해 상처받은 조선족들이 한국인들에 대한 감정들을 표현하고 있는 글이 같은 사이트에 올라와 있어 재차 인용해 본다.

한국 사람들이 이랲다. 너무 기차서 한번 그대루 옮겨 봅다. 아이구 기차지. 그럼 시작하겠슴다.

와땀다. 우리 연변에서는 꼬리 아홉 개 달린 여우는 여우 축
에두 못 간다. 꼬리 스물이 넘어야 여우라구 부름다. 꼬리 스
무 개씩 달린 여우는 그 꼬리를 빗자루로 쓴다. 한번은 꼬리
가 팔십 개 달린 여우를 봤슴다. 궁둥이가 이만함다……

난 그 '봉숭아학당' 한 번 보고 다신 안 본다. 한국 사람들이
개그 한다고 뭐 대통령 갖고 놀 정도긴 하지만 그건 그 사람
들 내부 일이고, 우리 교포들의 가뜩이나 예민한 감정을 왜
이렇게 건드리는지 알다가도 모를 일이다. 그 사람들이야 그
저 한번 가볍게 웃고 넘기지만 우리에겐 그게 얼마나 큰 상
처가 되는지는 생각지 않는다.
중국에서도 한국에서도 대접받지 못하고 사는 우리의 어정
쩡한 위치를 중국에서 사는 사람들은 그다지 절실하게 느끼
지 못할 것이다. 한국이란 나라에 와서 얼마나 많은 아픔과
설움을 겪었던가? 이런 설움과 아픔 때문에, 여기 있는 대부
분 교포들은 한국이 월드컵 축구 4강에 들었을 때에도 그 희
열을 느끼지 못하고 담담하게 지나쳐 버리고 말았을 것이다.
어차피 우리는 한국 사람들과 함께하지 못하니까. 한국 사람
의 눈엔 동포보다도 중국 사람으로 보이는 우리들이니까.

연변에서 장기간 일하면서 느끼게 되는 가장 큰 아픔 중 하나

는 조선족들의 마음 깊은 곳에 감추어진 상처들과 그로 인해 왜
곡된 심성들을 보게 될 때이다.

■ ■ ■

> 우리 살아가는 날 동안
> 눈물이 핑 돌 정도로 감동스런 일들이
> 많았으면 좋겠다

이렇게 시작하는 용혜원 시인의 시가 있다.

2002년 월드컵의 감동과 감격은 우리 민족이라면 세월을 두
고 반추할 만한 사건이었다. 특히 이탈리아와의 대 역전 드라마
는 월드컵 역사상 가장 짜릿한 명승부로 기록되기에 손색이 없
는 일전이었다. 경기가 끝나고 중심가로 뛰쳐나온 교민과 학생
들 사이에 밴쿠버 코스타에 참석하러 왔던 강사진들이 함께 섞
여 환호하던 모습은 내게도 평생 잊지 못할 추억거리가 될 것만
같다.

나는 캐나다와 미국 코스타에 참석하느라 우연찮게 중국, 한
국, 캐나다, 미국의 4개국을 거치면서 월드컵을 관전하게 되었
다. 전 세계에 흩어진 한민족(코리안 디아스포라)들이 한마음이
되어 목 터져라 응원하던 순간에 나의 마음 한구석이 아파 왔다.

그 함성에서 제외되고 소외되어 있던 북한의 우리 동포들이 생각났기 때문이고, 가까우리라 생각했던 우리 연변 조선족들이 의외로 한국을 응원하는 데에 캐나다와 미국에 있는 동포들보다도 소원한 감정을 품고 있다는 사실 때문이었다. 정확히 표현하자면, 조선족들이 품은 마음은 두 갈래였다. 한국 축구를 편파보도 하는 중국 CCTV에 항의하다가 심장마비로 돌아가신 연변대학의 모 교수처럼 목숨을 걸고 응원한 사람들도 있었지만, 일부에서는 관심은 있으나 짐짓 외면하고픈 마음으로 멀찌감치 관망하는 태도를 보였다.

그들이 누구인가? 잃어버린 나라의 독립을 위해 만주로 떠났던 우리 선조들의 후예들이다. 민족애와 자긍심이 누구보다도 강한 사람들이다. 가장 큰 소리로 소리 질러 응원해야 할 사람들이다. 과연 그들의 마음을 가로막고 있던 것은 무엇이었을까?

2002년은 한·중 수교 10주년을 맞는 해였다. 경제 교류를 통해 표면적으로는 양국간의 괄목할 만한 성장과 교류가 있었지만, 그 이면에는 지난 10년간 연변 조선족들이 한국 사람들로부터 받아야 했던 숱한 수모와 상처들이 숨어 있었다. 한국이 올림픽을 치르며 갑자기 잘사는 나라로 부상했을 때 어쩌면 중국 조선족들은 심중 깊은 곳에서 모국에 대한 그리운 감정과 동경심이 살아났을 것이다. 그러나 그 기대와 장밋빛 꿈들은 중국 동포들에 대한 한국 사회의 배타적 우월감과 모멸적인 대우 속에서 지난 세월 서서히 시들고 무참히 짓밟혔으며, 마지막에는 분노로 산산이 찢겨져 버리고 말았다.

월드컵이 시작되기 얼마 전부터 옆방에서 새벽마다 기도하는 아내의 목소리를 들으며 나는 그녀가 갑작스레 한국 축구를 위해 간절히 매달려 기도한다는 것을 알게 되었다. 평상시에 스포츠 특히 축구에는 전혀 관심도 없던 사람인지라 조금 의아스럽기도 했다. 하루는 "당신 요즘 왜 축구 기도를 그렇게 열심히 해?" 하고 물었더니 "나도 모르겠어요. 하나님이 강제적으로 기도를 시키시는 것 같아요. 그냥 기도만 시작하면 이번 월드컵에 기대를 걸고 있는 불쌍한 우리 민족이 생각나서……"라고 대답했다.

그러다가 마침내 월드컵이 시작되었다. 한국의 경기가 있는 날이면 아내는 가슴이 떨려서 제대로 응원도 못 하고 안절부절 이 방과 저 방을 오가며 기도를 하곤 했다. 그러다가 한국이 실점했을 때에는 통곡을 하고 울기까지 하는 것이 아닌가? 그 모습을 보던 중 내가 문득 깨달은 것이, 이번 월드컵이 단순히 축구만의 문제가 아니라는 것이었다. 우리 민족을 향한 하나님의 메시지가 그 속에 담겨 있는 것 같았다. 지난 세기 갈가리 찢기고 나뉜 우리 민족의 상처들을 싸매 주며 이번 월드컵을 통해서 한마음으로 뭉치기를 원하는 하나님의 안타까운 심정이 느껴졌다. 그 아버지의 마음이 바로 아내의 기도를 통해 전달되고 있다는 것을 알게 되었다.

독일과의 4강전이 치러지던 날은 우리 민족에게 민족상잔과 분단의 뼈아픈 상처의 기억을 안겨 준 비극의 날, 한국전쟁 기념일이었다. 그날 우리는 통일된 독일에게 무릎을 꿇었다. 그 경기의 패배는 우리 민족을 향한 하나의 커다란 상징처럼 내게 다가왔다. 분단된 이 민족, 고통 받는 저 백성들을 남겨 둔 채 우리가 기쁨의 환성을 지르기에는 아직 이르다는 것을 다시 한 번 깨달았다. 우리는 아직 완전한 하나가 아니기 때문이었다.

■ ■ ■

2002년 코스타의 세미나 제목을 전체 주제에 맞추어 '치유와 회복의 신학'이라고 붙였더니, 내가 어느새 신학을 공부했는가 하고 묻는 분들이 있었다. '치유와 회복'이라고만 하기에는 너무 썰렁한 제목인 것 같아 단지 운율을 맞추기 위해 붙인 것이었는데, 그게 좀 이상했던 모양이다. 그러다 보니, 과연 신학이 무엇인가 하고 곰곰이 생각해 보게 되었다. 그리고 평신도는 신학을 이야기하면 안 되는 것인가라는 질문도 생겼다.

신학(theology)도 일종의 학문인가? 학(學)자가 붙었으니 그럴 것이다. 그렇다면 생물학(biology)이나 심리학(psychology)과 마찬가지로, 학문의 대상을 신(神)으로 두고 이성적으로 반응하며 앎을 추구하는 그런 행위를 포괄적으로 지칭하는 것일 게다. 그렇다면 생물이나 인간의 심리처럼, 학문적으로 연구하면 할수록 신(God)에 대해서도 더 많은 것을 알아낼 수 있다는 말인가? 이것이야말로 엄청난 난센스다. 만일 인간의 이성적 사유로서 파악될 수 있는 존재가 신이라면 그것은 이미 신이 될 수 없기 때문이다.

그렇다. 기독교의 신관은 철저하게 인간의 이성을 뛰어넘는 초월적 신에 대하여 논하고 있다. 로마서 3장 11절에서 말한바, 의인은 없나니 하나도 없고 깨닫는 자도 없고 하나님을 찾는 자도 없다. 인간 자신의 능력으로는 하나님의 의에 도달할 수도 깨달을 수도 없으며, 인간은 도무지 하나님이 어디 계신지 어떤 분인지 찾아갈 수도 없는 그런 상태에 있다는 것이 기독교의 인간관이기도 하다. 오직 하나님은 당신이 자신을 계시(啓示)할 때에만 우리 인간에게 그 모습을 드러내신다. 그런데 어떻게 사람이 신을 학문적으로 연구하고 그 결과물(즉, 신에 대해 알아낸 결과들)을 판단하고 그것으로 학위를 주고 말고 할 수 있단 말인가? 아주 우스꽝스러운 일이 아닐 수 없다. 따라서 타종교의 신이라면 몰라도 기독교의 유일신, 창조주 하나님에 대한 신학이란 아예 존재할 수조차 없는 개념일 것이다. 그런데 어떻게? 여기까지 생각하다가 문득 떠오른 것이 바로 성육신하신 예수였다.

상처받고 왜곡된 우리 인간들을 치유하기 위하여 이 땅에 오신 하나님, 그분이 오셨기에 우리는 하나님을 만날 수 있었고 볼수 있었고 들을 수 있었으며 만질 수 있었다. 그리하여 하나님을 알게 된 것이다. 예수야말로 모든 신학의 시작이다. 우리가 부서지고 깨어진 존재가 아니었다면 그분이 오실 필요도 없었을 것이다. 그러니 우리의 상처들 또한 신학의 전적인 대상이요 출발점이기도 하다. 우리 안에 있는 수많은 상처들을 치유하고 회복시키기 위해 오신 예수. 그렇다면, 신학이란 다름 아닌 '예수를통한 치유와 회복의 과정'이라고 정의되어야만 할 것이다.

우리에겐 상처들이 너무 많다. 개인의 상처, 가정의 상처, 사회의 상처, 민족의 상처, 그리고 온 인류가 짊어진 상처와 그로인해 피폐해진 피조계의 우주적 상처에 이르기까지. 그 상처들을 치유하고 회복하는 일이야말로 예수를 따라가는 우리 크리스천이 해야 할 일이기도 하다. 그것이 곧 신학이요 '신학 함'이 되어야 할 것이다.

갈라진 겨레의 상처를 아파하면서도 사랑할 수밖에 없는 이중적 마음을 표현한 연변의 한 무명 시인의 시 한 편을 소개한다.

겨레

다섯 손가락을 보니
흩어진 겨레의 모습 같다

꼭– 으스러지게 틀어쥔다
주먹을

나는 이렇게밖에
사랑을 표시할 수 없다

사랑하고파 주먹을 쥐는데
펴 보면 또 다섯 손가락이다

몸은 서로 떨어져 멀리 있어도
마음은 하나가 되어 살아가는 사람들

쥐면 주먹
펴면 다섯 손가락

쉼 없이 반복한다

이 사랑의 손짓을

다섯 손가락을 보니
언제나 운명을 같이할
겨레의 모습이다.
- 최진성, 1999년 1월 〈연변문학〉

흩어진 우리 겨레, 상처 입은 연변의 조선족들, 그리고 그들이
또 돌보아야 할 죽어가는 북한의 형제들. 그러나 그들의 상처 속
에서 우리는 피 흘리는 예수를 발견한다. 그리고 흩어진 디아스
포라를 통해 이스라엘을 회복시키시는 아버지의 뜻을 깨닫고 우
리 민족의 치유와 회복의 소망을 느낀다.

"우리 연변에서는 평신도도 신학을 한다. 일없슴다."

세 번째 이야기 **이념**
월미도와 이승복

이념

황량한 벌판 위에
이념의 깃발이 나부낀다.
칼과 창이 그려진 깃발이다.

이념은 미국에서는 '이데올로기'라고 한다.
'이데올로기' 때문에 우리는 갈라섰다.
어떤 때는 '이데 올로기'가 되기도 하고
어떤 때는 '이데올 로기'가 되기도 했다.

맥아더 장군은 허쉬 초콜릿을 좋아했다.
그러나 이승복 어린이는 콩사탕이 싫었다.
연변에서도 요즘은 허쉬 초콜릿을 먹는다.
연변에서도 요즘은 콩사탕은 잘 먹지 않는다.

'이데올로기'는 중국에서는 思想이라고 한다.
바람이 멈추면 깃발은 잠잠해진다.
칼과 창이 잘 보이지 않을 때
우리는 가만히 깃발을 내린다.

그리고 그 옆에 한 그루 소나무를 심는다.

월미도와 이승복

　2002년 9월 16일은 연변과학기술대학 설립 10주년 기념일이었다. 황량한 북산가 언덕 무덤가에 첫 삽을 뜨고 기초를 놓기 시작한 이래 숱한 고난과 어려움을 극복하고 어엿한 신흥 명문 대학(?)의 모습으로 발돋움하였다. 1992년, 정규 대학이 세워지기도 전에 마음이 급하여 부설 산업기술훈련원생을 먼저 모집하였다. 4년제 대학으로 다시 태어난 1993년만 해도 다른 대학에 낙방하여 오갈 데 없는 학생들을 받았던 무명의 사립대학이었다. 그러나 그렇게 시작한 지 10년 만에 연변과기대는 동북 3성에 있는 조선족들의 희망이 되었고, 해가 갈수록 우수한 학생들이 앞 다투어 입학을 하고 있다. 이제 재학생이 1,500명을 넘어섰고, 2,000명에 가까운 졸업생들이 중국 전역에 흩어져 씨를 뿌리고 뿌리를 내리고 있다.

　그날 나는 10주년 행사를 돕기 위해 서울에서 합류한 16명의 부흥한국(Revival Korea) 팀과 더불어 백두산 천지에 올랐다. 드물게도 구름 한 점 없는 날씨 속에서 청아하게 모습을 드러낸 초가을 천지는 태초의 신비 그 자체였다. 그 장엄한 창조의 위용을 마주하며 우리는 백두산 정상에 서서 조용한 기도와 찬송으로 내일의 부흥을 위한 영적 조율을 먼저 맞추었다. '한라에서 백두까지 백두에서 땅끝까지'라는 타이틀의 '부흥 3집'을 제작하던 도중에 오른 백두산 정상이었기에 부흥한국 팀에게는 더욱 큰 의미가 있는 산행이었다.

17일 저녁에는 야외무대에서 열린 음악회가 펼쳐졌다. 3,000여 명의 청중들이 운동장에 운집한 가운데 고형원, 이무하 씨를 앞세우고 지난 10년을 회고하며 펼쳐진 부흥한국 팀의 공연은 기념비적이었다. 그들이 만주 벌판에서 목 터져라 외쳐 부른 노래는 대부분 가요였다. 그것은 그들에게도 매우 특별한 경험이었고, 사역의 지경을 넓히는 새로운 시도가 되었다. 무대 앞줄에는 공산당 영도들이 줄지어 앉아서 그들의 노래를 예의 주시하며 지켜보고 있었다. 그 전날에는 이미 가사 검열이 진행되었고, 우리는 행여 문제가 될 소지가 있는 부분에서는 가사들을 건전하게(?) 바꾸지 않을 수 없었다. 장장 3시간에 걸친 그 음악회를 감독하고 연출하기 위해 우리 부부는 살얼음판을 걷는 심정으로 무대 앞 진행본부에 앉아 있었다. 그것은 실로 보이지 않는 전쟁이었다.

이곳 만주에서 일하는 동안 종종 내가 서 있는 여기가 바로 우리 민족 근대사의 격전지였음을 새삼 체감하게 되는 때가 있다. 그동안 교과서에서 배우고 알았던 독립운동의 본거지와 역사 유적지들이 바로 인접 지역에 흩어져 있다는 것을 깨닫게 되는 것이다. 김좌진 장군의 청산리 전투와 홍범도 장군의 봉오동 전투 격전지가 바로 이웃한 화룡현에 있고, 그들이 근거지로 활동했던 북로군정서가 위치하던 곳이 연길에서 두 시간 남짓한 왕청현이다. 그러니 이곳 조선족들의 가계를 들추어 보면 바로 항일 독립운동사와 우리 민족의 근대사의 피 어린 애환들이 스며들어 있게 마련이다.

KBS '역사 스페셜'에서 일제 강점기에 독립운동을 위해 만주에 세워졌던 신흥무관학교의 역사를 추적 방영하는 것을 보았을 때 감회가 새로웠다. 1910년 만주로 건너간 이회영, 이동녕 등이 교포 교육과 군사 훈련을 목적으로 길림성 류하현에 세웠던 신흥강습소가 나중에 통화현 합니하로 자리를 옮겨 본격적인 독립운동을 위한 무관 양성 학교로 변신하게 된다. 1920년 폐교될 때까지 10년간 무려 3,000명에 달하는 졸업생을 배출하였으며, 그들이 서로군정서와 북로군정서, 상해 임시정부와 의열단

활동 및 광복군에 이르기까지 해방 전 중국 내 독립운동의 주체 세력을 이루었던 것이다.

잃어버린 나라의 독립을 위해 만주로 만주로 모여들었던 지난 날의 우리 선조들. 그 가운데는 한성에서도 가장 이름을 날리던 대 부호 가문의 이회영, 이시영, 이석영, 6형제의 헌신이 있었 고, 일본 육사 출신의 직업 군인으로서 당시의 출세 가도를 뿌리 치고 3·1운동 직후 만주로 망명하여 신흥무관학교의 교관으로 후진 양성에 투신했던 지청천 같은 인물이 있었다. 그들의 손에 서 자란 제자들이 무려 3,000명이나 되었으니, 그들이 바로 청 산리와 봉오동 전투의 주인공들이며 광복군으로 마지막까지 나 라의 독립을 위해 싸운 사람들이다. 훗날 역사에 알려져 독립운 동가로 기록되고 또 건국훈장이 추서된 사람들과는 달리, 신흥 무관학교 출신의 수많은 젊은이들이 오직 조국의 독립을 바라며 항일 전쟁의 전선에서 이름도 없이 사라져 갔을 것을 생각하니 가슴이 더욱 뜨거워졌다.

그토록 바라던 광복을 이루었건만 국토는 허리가 잘리고 민족 상잔(民族相殘)의 잔인한 전화(戰火)가 다시 한 번 한반도에 몰 아쳐 우리 민족은 얼마나 많은 상처를 입어야 했으며 또 피눈물 을 흘려야만 했는지……. 그 이후 반세기 동안 한반도는 안타깝 게도 동서 냉전의 최전방이 되고 말았다. 형제를 원수로 생각하며 서로의 가슴에 총칼을 겨누어야 했으며, 그 비극은 21세기에 이른 지금까지도 지속되고 있다.

이곳에서 생활하면서 알게 된 새로운 사실은, 남북한의 싸움으로만 알았던 한국전쟁이 사실은 이곳 만주의 조선족들까지 직접적으로 깊이 관여한 3국 전쟁이었다는 것이다. 얼마 전 이곳 작가협회 주석으로 있는 K시인과 식사를 하는 자리에서 그의 부친이 항미원조(抗美援助) 전쟁(중국에서 한국전쟁을 지칭하는 말)에 참여했다는 이야기를 우연히 듣게 되었다.

중국 인민해방군으로서 명성을 날렸던 팔로군(八路軍) 소속의 군인으로 장개석 군대를 몰아내기 위해 남방의 해남도 최전선까지 배치되었던 그의 부친은 1949년 겨울, 갑작스런 상관의 지시로 기차에 올라 어디론가 하염없이 끌려가게 된다. 그가 기차에서 내린 곳은 뜻밖에도 귀에 익은 조선 말씨가 들리는 북한 땅이었고, 그는 중공군 복장을 벗고 인민군 장교의 군복으로 갈아입게 된다. 한국전쟁이 발발하기 직전에 이처럼 북한에 전격 배치된 팔로군은 1개 사단 병력이 넘었으며, 파죽지세로 낙동강 전선까지 밀고 내려갔던 최전방 인민군들이 사실은 북한 군인이 아니라 엄격하게 훈련받은 팔로군 정예부대 소속의 중국 조선족 군인들이었던 것이다.

우리가 배워서 알고 있는 것처럼, 인천 상륙작전 이후 유엔군이 북한으로 밀고 올라가자 중공군이 쳐들어와 1·4후퇴를 하게 된 것이 아니라, 실제로 중국 조선족 출신의 중공군은 처음부터 인민군 복장으로 한국전쟁에 참전하였던 것이다. 그의 부친은 인천 전투에서 숱한 동료들의 시체를 남긴 채 결국 퇴각해야만 했던 눈물의 역사를 반추하며 죽는 날까지 아들에게 두고두고 입으로 전해 주었다.

그 같은 사실을 알고 나서 나는, 역사의 회오리 속에서 영문도 모르고 전쟁에 참전해야 했던 이곳 조선족들의 애환을 생각하며 더욱 뼈저린 아픔을 느껴야 했다. 한국전쟁의 민족상잔의 고통은 이곳 만주의 우리 조선족들에게까지 잊을 수도 씻을 수도 없는 아픈 상흔으로 남아 있었다.

■ ■ ■

내가 처음 가르쳤던 1회 졸업생 중에서 한국의 고려대학교로 유학을 간 여학생이 있다. 언젠가 유학생들을 모아 수련회를 하는데, 그 여학생이 앞에 나와 처음 한국에 와서 자신이 겪었던 정신적 혼란에 대해 이야기하는 것을 듣게 되었다. 자기는 유학이 결정된 이후, 마음속으로 한국에 도착하면 꼭 한번 가 보고 싶은 곳이 있었다고 했다. 그래서 그녀는 도착한 첫 주말에 부랴부랴 길을 물어 신기한 전철을 타고 두근거리는 마음으로 그곳을 향했다. 그녀가 도착한 곳은 다름 아닌 인천 앞바다의 월미도였다. 무엇이 이 여학생을 그곳까지 이끌고 왔을까? 나는 처음에는 잘 이해가 가지 않았다. 그러나 곧 그녀의 어린 추억을 들으며 이유를 알게 되었다.

소학교 시절 어느 날, 그녀는 학교에서 단체로 애국주의 영화를 관람하게 되었다. 그 영화의 제목이 '월미도'였다. 항미원조 전쟁 중에 악랄한 미 제국주의 항공기가 인천 앞바다에 폭탄을 소나기처럼 쏟아 붓는 가운데 끝까지 사투를 벌이던 인민군 장교의 장렬한 최후를 보며 그 어린 소녀는 너무나 안타깝고 속이 상해서 엉엉 울어 버리고 말았다. 인천의 월미도는 그렇게 생생하게 머릿속에 각인되었고, 그 후 성장하는 동안 말로만 듣고 교과서로만 배웠던 그곳이, 마침내 한국 땅을 밟는 순간 그녀의 발길을 이끌었던 것이다.

그런데, 그녀는 월미도에서 두 가지 사실을 목격하고 큰 충격을 받고 말았다. 첫째는 영화에서 나왔던 그 비참하고 끔찍했던 전쟁터가 이토록 발전한 현대식 거리로 바뀌었다는 놀라움이었고, 둘째는 자신들이 그토록 미워하며 증오하던 미국 군대의 괴수 맥아더의 동상이 월미도에 서 있다는 사실이었다. 그뿐 아니라, 한국인의 대다수가 맥아더 장군을 가장 존경하는 위인 중 한 사람으로 꼽고 있다는 얘기를 듣고 나서 그녀는 큰 혼란에 빠지고 말았다. 그렇다면 지금까지 내가 알고 믿고 또 증오하던 그 실체는 도대체 무엇이란 말인가? 그것이 한국 생활을 시작하는 그녀 앞에 던져진 첫 번째 질문이었다.

우리 역시 "나는 공산당이 싫어요"를 외치며 죽어간 이승복 어린이를 교과서에서 배우며 더러는 눈물진 세대이다. 죽어가면서까지 "공산당이 싫어요"를 외치던 애국소년 이승복의 입을 찢어 죽였다는 그 잔인한 공산당 간첩들이 미워서 치를 떨었던 시절이 있었다. 요즘은, 이승복 어린이가 공산당이 싫다고 말한 것이 아니라 사실은 "콩사탕이 싫어요"라고 말한 것을 잘못 알아들었다는 유머까지 등장할 정도로 세월은 변했다. 그리고 그 세월의 간격을 뛰어넘어 나는 이곳 중국 공산주의 국가에서 공산당 아이들을 가르치고 있다.

우리 앞에 놓인 이 간격—월미도와 이승복—을 어떻게 메워야 할까? 그 세월의 아픔과 거짓과 미움과 허위들을 우리 모두의 마음에서 지우기 위하여 우리는 어떻게 하여야 하는가?

축제의 밤이 무르익어 가고 음악회가 절정에 이르렀을 무렵, 부흥 팀이 기도하고 준비한 노래가 나오기 시작했다. 그동안 음악시간을 통해 아내가 가르치고 또 아이들 속에서 퍼져 나간 두 곡의 노래 '당신은 사랑받기 위해 태어난 사람'과 '보리라'를 함께 부르며 우리 안에 감추어진 사랑과 비전의 마음들을 안타깝게 표현했다.

당신은 사랑받기 위해 태어난 사람
당신의 삶 속에서 그 사랑 받고 있지요
태초부터 시작된 아름다운(수정된 가사) 사랑은……

이 노래가 울려 퍼질 때 자신이 들어온 대학이 어떤 곳이라는 것을 알게 되었다는 어느 신입생의 고백을 들었다. 그 사랑의 힘으로 저들의 상처를 싸매 줄 수만 있다면…….

우리 오늘 눈물로 한 알의 씨앗을 심는다
꿈꿀 수 없어 무너진 가슴에
저들의 푸른 꿈 다시 돋아나도록
우리 함께 땀 흘려 소망의 길을 만든다
내일로 가는 길을 찾지 못했던
저들 노래하며 달려갈 그 길
그날에 우리 보리라 새벽이슬 같은 저들 일어나
뜨거운 가슴 사랑의 손으로 이 땅 치유하며 행진할 때
오래 황폐하였던 이 땅 어디서나 순결한 꽃들 피어나고
푸른 의의 나무가 가득한 세상 우리 함께 보리라

새로운 10년을 여는 비전 선언문이 낭독될 때 아름다운 폭죽이 만주의 밤하늘을 수놓기 시작했다.

네 번째 이야기 **나라**

어느 독립운동가
부부의 8년간의 일기

나 라

무궁화 무궁화 우리 나라 꽃
삼천리 강산에 우리 나라 꽃
황폐한 산하 수놓은 샤론 꽃향기

나라 잃은 백성은 서러웠었다
백성은 서러워도 꽃은 피었다
삼천리 강산에 꽃은 피었다

나라를 찾으려고 떠난 사람들
그들 손에 움켜쥔 샤론 한 송이
가슴 깊이 감추인 꽃씨 한 움큼

그 꽃씨 뿌리며 사는 사람들
그들 눈물 땅 위에 떨어질 때에
그 나라 그 백성 퍼져 나가네

어느 독립운동가 부부의 8년간의 일기

2002년 코스타를 준비하며 강사로서 '치유와 회복의 신학'을 다루겠다고 세미나 강의안을 일찌감치 보내 놓았다. 그러나 6월에 들어서자 학기말의 숨 가쁜 일정과 학생들의 성적 처리에 매달리느라 강의 준비도 제대로 못 하고 있었다. 어느 날 아침, 큐티도 하는 둥 마는 둥 시간에 쫓겨 집을 나서려는 나에게 아내가 걱정스런 표정으로 물었다.

"당신 왜 코스타에 가려고 하는 거예요?"

그 말 속에는 '시간도 없고 경제적으로도 어려운데 왜 매년 그곳에 굳이 가려고 하는가? 당신 아들들과 대화할 시간도 갖지 못하면서 어째서 식구를 버려두고 몇 주일씩 집을 비우려 하는가?' 하는 복합적인 아내의 투정이 담겨 있었다. 특히 최근에는 큰아들 다니엘의 고등학교 진로 문제가 불확실한 채 남아 있어서 아내의 신경을 곤두서게 만들고 있었다. 뜻밖의 질문에 당황한 나는 잠시 멍하니 있다가 더듬더듬 대답을 했다.

"그야, 코스타는 내 사역의 출발점이잖아. 학생들에게 전해야 할 메시지가 있으니까 가는 것이지. 그리고 그곳에 가야 내가 해야 할 일을 깨닫게 되고…….”

사실 그랬다. 코스타에서 후배들에게 무엇인가를 가르치기 위함도 있었지만 나 자신의 재충전도 필요했다. 어쩌면 하나님의 음성을 듣는 것이 더 중요했는지도 모른다. 그 말을 들은 아내가 조금은 안심했는지 물러섰다. 나는 대답은 그렇게 했지만, 오히려 그 순간부터 긴장이 몰려오기 시작했다. 그리고 코스타에 가는 것이 점점 두려워졌다. “네가 왜 가려고 하느냐?” 하는 하나님의 음성이 아내의 입을 통해 내게 들린 것만 같았다. 하루 종일 그 질문이 귀에 맴돌았다.

다음날 아침 기도 시간에 나 자신을 처음부터 되돌아보게 되었다. 내 안에 감추어진 여러 모양의 불의와, 많은 사람들 앞에 자신을 나타내고자 하는 욕망과, 정결치 못한 많은 생각들이 떠올랐다. 그러면서 이번 코스타에 가는 일이 점점 겁이 나고 자신이 없어지기 시작했다. ‘내 안에 감추어진 헝클어진 모습들이 이렇게 많은데, 내가 먼저 회복되어야 할 부분이 먼지처럼 쌓여 있는 것만 같은데, 어떻게 학생들 앞에서 치유와 회복에 대해 이야기할 수 있단 말인가?’ 하는 절망감이 몰려왔다.

그런 가운데 결국 떠나야 할 시간이 다가왔고, 복잡한 생각더미와 일감들을 뒤로하고 나는 달음박질치듯이 연길공항으로 향했다. 두 시간 후 인천공항에 도착하자마자 학교 일 때문에 미리 약속해 놓은 장소로 달려갔다. 그날 밤늦게야 전철을 타고 부모님이 계시는 옛 집을 찾았다. 여전히 부모님은 집 나간 아들을 기다리던 심정으로 나를 맞아 주었고, 오랜만에 집에 오면서도 자정이 다 되어야 들어서는 야속한 아들에게 싫은 내색 없이 그저 반기셨다. 어린 아들에게 먹을 것을 챙겨 주듯 밤참을 내 오며 마냥 허둥대는 어머니의 섬김을 받으면서 옛날의 그 자리로 돌아가는 기분을 맛보았다. 어머니가 미리 깔아 놓으신 이부자리에 들어가 어린 시절로 거슬러 올라가며 잠이 들었다.

■ ■ ■

아침에 일어나 보니 어머니가 낯선 책을 읽고 계셨다. 며칠 전 어느 친척분이 읽어 보라며 두고 가셨다고 했다. 책에 항상 관심이 많은지라 잠시 집어 들고 겉장을 살펴보니 《제시의 일기》라는 제목이 달려 있었다. 책 윗부분에는 붉은 글씨로 쓴 '어느 독립운동가 부부의 8년간의 일기'라는 부제가 눈에 들어왔다. 그 순간, '8년간'이라는 그 숫자가 내 가슴에 꽂히듯이 날아들었다. 어쩌면 그 즈음이 마침 우리 부부가 중국으로 들어간 지 만 8년이 된 시점이었기에 그랬는지도 모른다. 시간이 없어 대충 훑어보다가 어머니께 내가 그 책을 먼저 읽겠다고 양해를 구하고 들고 나섰다.

공항으로 향하는 길에는 늘 침묵이 흐른다. 그 짧은 만남으로 또 오랜 이별이 시작되는 것이다. 아들에 대한 그리움을 속가슴에 파묻고 지내시는 노부모님의 아픈 마음이 침묵 속에서 내게 무겁게 다가왔다. 항상 그래 왔듯이 마지막 들어서는 출국장에서 아들의 뒷모습을 바라보며 어머니는 눈물을 흘렸다. 장남인 나에게 당신 인생의 전부를 걸고 살아오신 분이다. 어머니는 어려서부터 머리가 영민하셨다. 그것이 오히려 그분 인생의 걸림돌이 되었다. 그 시대와 환경은 똑똑한 여자를 받아들일 만큼 개방된 사회가 아니었다. 어머니는 "여자는 한글만 깨우치면 더 이상 배울 필요가 없다"며 호통치는 엄한 아버지에게 단식 투쟁으로 반항하며 어렵게 공부를 계속해 대학까지 진학했다. 한바탕 술에 취해 들어온 아버지로부터 동래 정가 양반 가문과 혼사를 정했다는 일방적인 결혼 통지를 받고, 얼굴도 잘 모르는 남자에게 시집을 갔다.

그 남자는 주변 사람들에게는 말할 수 없는 호인이었지만 어머니께는 충족함을 주지 못했다. 세월과 더불어 술 마시는 남편을 뒷바라지하면서 가정주부로서 실망의 세월을 살던 그녀에게 아들은 그녀 인생의 못다 한 학업과 성공을 위한 유일한 탈출구처럼 느껴졌다. 어려서부터 학교 점심시간마다 돌덩이처럼 꾹꾹 눌러 담은 도시락을 먹으며 나는 아들을 향해 다져진 어머니의 집념 어린 사랑에 오히려 속이 언치는 듯한 부담을 느꼈다. 대학을 진학한 후에도, 결혼을 한 후에도 어머니라는 존재는 내게 버거운 무게로 다가왔고, 그러나 언젠가는 벗어야 할 짐처럼 생각되었다. 어머니의 절망스런 눈길에도 불구하고 나는 내가 그녀에게 줄 수 있는 근원적인 해결책이 없음을 잘 알고 있었다. 그것을 깨달을 때마다 어머니가 지닌 인생의 상실감과 공허는 암세포처럼 나에게 그대로 전이되어 왔다. 그러다가 나는 미국으로 떠났다.

예수를 만난 후 창세기 말씀 가운데 "남자가 부모를 떠나 그 아내와 연합하여 둘이 한 몸을 이룰지로다"라는 말씀을 묵상하며 비로소 어머니라는 짓눌린 부담에서 벗어날 수 있었다. 그것은 새로운 빛 가운데 들어간 사람이 느끼는 자유와 같은 것이었다. 그것을 과시하기라도 하듯, 미국에서 공부하는 아들네 집을 처음 방문한 어머니 앞에서 나는 보란 듯이 부엌에 들어가 설거지를 했다. 사내는 부엌 근처에도 얼씬 못 하도록 엄하게 교육시켰던 어머니는 놀란 눈으로 나의 모습을 멍하니 바라보고 있었다. 어쩌면 그것은 어머니로부터 독립하여 떠나겠다는 일종 무언의 시위였다. 나는 서둘러 어머니를 교회에 강제로 모시고 갔다. 내 마음의 짐을 이제 하나님 앞에 맡기겠다는 심산이었는지도 모른다. 어머니는 영문도 모르고 아들의 손에 이끌려 교회에 발걸음을 시작했다. 그러나 그녀에게 교회는 아들의 세계로 찾아 들어가기 위한 새로운 문이요 방편에 불과했다. 최소한 처음에는 그랬다. 언젠가 어머니는 내게 눈시울을 붉히며 이렇게 말한 적이 있었다.

"하나님이 내 아들을 빼앗아갔다. 하나님이 야속해."

그래서 어머니는 아들 앞에 서면 늘 서러웠다. 그런 그녀의 가슴을 밟고 8년 전, 나는 또다시 중국으로 떠나갔던 것이다.

■ ■ ■

안전벨트를 매라는 승무원의 말이 스치듯 지나가며 들린 듯했다. 그날따라 내 마음은 여지없이 무너져 내리는 기분이었다. 지난 8년간을 어떻게 지내왔는데, 그 보답으로 내게 남은 것이 무엇인가? 가는 곳마다 나는 아내에게 아들에게 그리고 부모 형제에게 아픔과 짐만을 안겨 주는 무능한 가장이요, 야속한 아들이요, 이해하기 힘든 형과 오빠가 되고 말았을 뿐. 마리아를 앞세우고 예수를 찾아 나섰던 친속들이 예수를 향해 미쳤다 손가락질하던 장면이 떠올랐다. 갑자기 마음이 약해지기 시작하는데 걷잡을 수가 없었다. 사역도 학교도 학생도 코스타도 모두 부질없는 일처럼 여겨졌다. 비행기가 이륙한 후에도 멍하니 아무 생각이 없었다. 지나온 8년간의 세월이 솟아오르는 비행기의 창문을 스치듯 재빨리 지나가기 시작했다. 중국 땅을 처음 밟던 날,

비행기 안에서 불안한 표정으로 아빠를 응시하던 초등학교 1학년짜리 어린 아들 다니엘의 앳된 모습이 떠올랐다. 그 아이가 벌써 고등학생이 되었다니…….

지난 연휴 기간에 학생들을 이끌고 수련회를 마친 후 파김치가 되어 돌아온 날 밤, 아내는 몹시 화가 나 있었다.

"당신이란 사람은 학생들에게는 간이라도 빼줄 듯이 온갖 정성을 다하면서, 정작 당신 아들이 요즘 어떤 생각으로 지내고 있는지 대화 한번 한 일 있나요? 연휴 기간에 다른 아빠들처럼 데리고 여행은 못 갈망정 애들이 좋아하는 롯디리아—연길에 있는 패스트푸드점으로 롯데리아를 모방해 만든 곳. 아이들이 좋아하는 유일한 휴식처이다—에라도 데리고 간 일이 몇 번이나 되나요?"

그 소리에 나도 깜짝 놀라 정신을 차렸다. 내 사랑하는 두 아들 다니엘과 데이빗. 그저 하나님께 바쳐진 아이들이라는 생각에 잘 자라 주겠거니 믿음만 가지고 지내왔다. 껑충 키가 자라 아빠보다도 더 커진 다니엘이 건강하고 밝게 자라 준 것이 얼마나 고마운지, 늘 감사하기만 했다. 그 다음 날 아침 등굣길에 현관에서 스치면서 다니엘이 조그만 목소리로 내게 중얼거렸다.

"아빠, 나에게도 신경 좀 써 주세요."

그날 밤, 나는 아이와 오랜만에 대화를 했다. 너무 미안했다.

"불안하니?"

내가 물었다.

"조금……."

"걱정 마라. 이번에 아빠가 캐나다와 미국을 다녀오는 길에 네 진학 문제에 결론을 짓고 오마."

아이가 고개를 끄덕였다.

"하나님을 믿지?"

내가 물었다.

"아빠의 하나님을 믿어요."

아이가 씩 웃으며 말했다.

한참 만에 마음을 진정한 나는 손에 들고 있던 책—《제시의 일기-어느 독립운동가 부부의 8년간의 일기》—을 무심코 펼쳐서 읽기 시작했다.

그 책은 양우조, 최선화라는 부부가 일제시대에 상해 임시정부에 속하여 중국 여러 도시를 전전하던 시절, 두 아이를 낳아 키우며 적은 일종의 육아일기였다. 양우조라는 인물은 1897년생으로 일기 속에는 40대 중반의 남편으로 등장한다. 그는 일찍이 개화사상에 눈이 뜨였던지 19세의 젊은 나이에 중국 상해를 거쳐 미국 샌프란시스코에 발을 내딛게 된다. 어렵게 고학을 하여 동부 보스턴 지역으로 옮겨온 그는 명문 MIT대학까지 들어갔던, 당시로서는 흔치 않은 인물이었다. 그러던 중 그의 인생에 전환점을 가져다준 사건이 발생한다. 한국에서 선교사역을 하던 미국인 선교사가 귀국하여 선교 보고를 하는 강연장에 참석한 것이다. 그는 헐벗고 굶주린 비참한 자기 조국과 백성들의 상황을 듣고, 새삼 깊은 동포애를 아픔으로 느끼게 된다. 자기 손으로 헐벗은 동족을 입히고야 말겠다고 결심한 그는 폴리버 공과대학에서 방직공학을 배우고 졸업 후 돈을 모아 부산항으로 돌아온다. 그러나 그의 야심과는 달리 사업을 펼쳐 보기도 전에 독립운동가로 지목되어 일본 경찰에게 쫓기는 신세가 되고, 조국의 산업을 일으키기 전에 나라의 독립부터 되찾아야 한다는 사실을 깨닫는다. 그 와중에 만난 여인이 최선화였다. 결국 중국 상해로 돌아온 양우조는 임시정부에 들어가 한국독립당 창당 발기인, 한국 유학생 지도 고문, 혁신사 출판사업 등을 펼치며 맹활약을 한다. 이화여전 영문과를 졸업한 신여성으로서 젊은 독립운동가를 사랑하게 된 최선화는 자신의 인생 앞에 기다리고 있는 질곡과 위험을 알면서도 부모를 설득하여 중국으로 뒤따라 떠난다. 책은 이렇게 기록하고 있다.

> 그녀가 선택한 것은 오직 신념 하나로 눈앞의 보장된 성공을 불확실한 미래와 맞바꾼 부드럽고 말수가 적은 유학파 지식인이었다.(21쪽)

그리고 그들은 임시정부 식구들이 모인 가운데 김구 선생의 주례로 결혼식을 올린다.

책을 읽어 가는 동안 나도 몰래 이 부부의 이야기가 마치 오래 전부터 나를 위해 이미 준비되어 있던 하나의 스토리처럼 느껴졌고, 책 속으로 깊이 빠져 들어갔다.

1937년 중일전쟁이 일어나자 상해 임시정부는 전황을 따라 절강성 진강(鎭江)에서 다시 장사(長沙)로 피난길에 오른다. 300여 명의 임정 식구들이 목선을 타고 정처 없이 떠도는 신세가 된 것이다. 이 와중에 이듬해 이들 부부의 첫 아이 제시가 태어났다. 이들은 딸의 이름을 영어식으로 지어 주며, 그 아이가 자랐을 때에는 조국이 세계 속에서 당당히 제 몫을 하는 독립국가가 되기를 소망했다. 갓난아이를 데리고 강을 타고 거슬러 올라가는 처량한 피난의 뱃길 가운데서 양우조는 동료와 식구들을 바라보며 이렇게 적고 있다.

고향을 생각하는 이와 지나온 뱃길을 돌이켜보는 이, 앞으로 어찌될지 전혀 가늠할 길 없는 우리 인생의 여정까지, 저마다 각기 다른 생각을 품고 있다. 하지만 이 순간 모두의 마음속에 바라는 것은 하나일 것이다. 나의 조국 조선을 당당하게 우리의 손으로 찾아내는 것, 일본의 어거지 같은 강점에서 고향을 되찾아 자랑스레 살아가는 것이다. 당연하지만 당연하지 않게 되어 버린 일, 조국에서 살기 위하여 먼 타국을 전전하면서도 우리에겐 그 소망과 과제가 있기에 고개를 들고 산다. 나라 잃은 민족이 아니라 나라를 되찾으려는 열정의 민족으로 살고 있기에 낯선 중국인의 눈짓에도 흔들리지 않을 수 있는 것이다.(49~50쪽)

어느 날, 사랑스런 딸 제시가 며칠째 계속 앓으며 설사를 하는 것을 안타깝게 바라보던 아버지는 그 딸의 모습을 내려다보며 이렇게 중얼거린다.

이 시간 이 땅에서 아버지가 아이에게 줄 수 있는 것은 무엇일까! 한 치 앞을 알 수 없는 가정이란 보금자리에서 따뜻한 가슴으로 그저 아이를 지켜 주는 것인가? 아니면 아버지의 선택을 물려주며 어쩔 수 없으니 감수하라고 할 것인가? 아이가 훗날 이국을 떠돌면서 생활했던 이유를 묻는다면, '그것은 너의 미래를 위해서였다'는 짧은 한 마디로 이해시킬 수 있을까? 그것으로 독립 성취라는 간절한 우리의 소원을 담아낼 수 있을까? 그것으로 우리 가족의 이 시간을 담아내고도 남을까?(59쪽)

아파서 치근거리며 울고 있는 제시의 모습을 보며 어머니 최선화는 독립도 못 이룬 미숙한 조선 백성들이 서로 자신의 주장만 내세우며 다투는 그 모습을 연상한다. 그것은 독립운동을 하겠다고 중국으로 들어간 그 교포 사회에서도 예외는 아니었던 모양이다. 그녀는 일기에 이렇게 적고 있다.

자신의 의지가 꺾이면 그렇게도 아이들이 화를 내며 울어대듯이 각기 자기주장이 다른 중국의 우리 교포들 모임은 제각기 자기의 목소리만 목청 높이 질러대고 있다. 함께 어울려 노는 사이좋은 동무들과 같이 하나로 뭉쳐 우리의 독립을 쟁취할 수 있다면 얼마나 좋겠는가? 하지만 모두 순간의 욕심을 위해 더 길고 큰 목표를 바라보지 못하고 제 목소리를 높이고 있다. 용서와 화해를 잊은 채, 당파니 사상이니 하는 서로간의 차이에 대한 옹졸함과 자존심, 그리고 이기주의에 휩싸여 불평하고 질투하기에 열정을 불사르고 있다. 낯선 나라에서 함께 고생하는 동포들이 겨우 세상에 눈을 뜬 제시의 모습을 닮은 것 같아, 우는 제시의 목소리와 함께 안타까움에 사로잡힌다.(65쪽)

그러나 어떤 날은 포탄이 떨어지는 공습 상황 속에서도 새근새근 잠이 든 제시의 평화스런 모습 속에서 그들은 거꾸로 위로와 교훈을 얻는다.

> 아버지와 어머니가 된다는 것은 마치 거울이 되는 것과 같다. 자식들의 모습을 비추는 거울. 부모를 통해 아이들은 자신의 모습을 보게 된다. 거울이 깨지면 그 속에 비친 모습도 흉하게 일그러진다. 아이들은 거울을 통해 자신에 대해 눈뜨게 된다. 자신이 어떤 모습을 하고 있는지 현재의 모습을 확인하고 미래를 그려 본다. 이제 나는 한 아이의 거울이 되어 그 아이의 참 모습을 보여 주고 또 깨닫게 하며 살아가게 될 것이다.(61쪽)

일기를 읽어 가는 동안 나는 이들 부부가 마치 오래 된 나의 친구나 되는 것처럼 그들 속으로 깊이 동화되어 갔다. 그리고 그들이 처했던 그 당시 그 상황이 눈에 그리듯 다가오기 시작했다. 이국땅 중국에서 두 아이를 키워야 했던 그들 부부의 삶이, 나와 아내와 두 아들의 얼굴 속으로 흘러 들어와 중첩되었다. 비록 자신들이 선택한 길이었지만 그들에게도 순간순간 견디기 힘든 아픔이 있었고 상처가 있었다. 특별히 어린 자녀를 바라보는 부모의 약한 심경은 어느 시대나 마찬가지였던 것이다. 나는 쉴 새 없이 솟아나는 눈물을 주체할 수가 없어서 옆에 앉은 승객의 눈치를 살피며 연신 눈물을 닦아내야 했다. 생각했다. 임시정부 가족들의 공동체 생활이 바로 초창기 연변과기대 교직원들과 너무나 흡사하게 닮아 있다는 것을 알았다. 그러나 이들이 겪었던 어려움과 헌신은 지금 우리가 겪고 있는 어려움과 비교가 되지 않을 정도로 큰 것이었다. 그리고 깨달았다. 왜 오늘 이 책이 내 손에 들어오게 되었는지를. 책을 읽는 동안에 바로 옆자리에 예수님이 아주 가까이 다가와 내 어깨를 부드럽게 만지고 계심을 느꼈다. 그리고 그분이 이렇게 말씀하시는 것 같았다.

"진호야, 이 길 걸어가기가 힘드냐?"

"……."

"너무 외로워하지 마라. 이 길은 오래 전에 네 선배들이 이미 걸어갔던 그 길이란다."

그것은 절망 가운데 주님 앞에 꿇어 엎드린 문둥병자를 불쌍히 여기며 손을 내밀어 만져 주셨던 그 손길과도 같았다. 그리고 그분이 말씀하셨다.

"내가 원하노니 깨끗함을 받으라."

밴쿠버에 도착하기 전에 나는 예수님과 동승한 비행기 안에서 깨끗이 치유함을 받았다. 그리고 평안한 마음으로 코스타에 참석할 수 있었다.

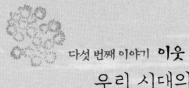

다섯 번째 이야기 **이웃**

우리 시대의
　선한 사마리아인은 어디에?

이웃

네 이웃이 누구냐?
그의 물음에
나는 이웃이 없어요
고개를 돌렸다.

나 홀로 달려가다 길가에 쓰러진 나
너무 아파 울다 지쳐 못 일어날 때
그가 다가와 내민 손길 그 따스함
그의 등에 업혀서 사막을 건넜다.

눈을 떠 보니 포근한 침대 아득한 기억
그의 목소리 삼삼한데 나는 어디에?
일어나라 이제 가라 그 음성 들려
벌떡 박차고 사방을 휘돌아 본다.

어디로 가랍니까? 누구를 위해?
보이느냐 쓰러진 그들 있는 저곳에
가서 너도 도와 그같이 하라.
그 음성 내게 쟁쟁 귓가에 있네.

우리 시대의 선한 사마리아인은 어디에?

지난 2002년을 돌이켜 볼 때, 가장 큰 사건 두 가지는 아무래도 월드컵 4강 진입과 대통령 선거의 극적 승부를 꼽을 수 있을 것 같다. 그 두 사건이 특별한 의미를 갖는 이유는 전 국민의 초유의 관심사와 직접적인 참여를 불러일으켰다는 점 때문이다. 세계의 볼거리와 뉴스가 되었던 아슬아슬한 박빙의 승부가 마지막까지 극적인 반전을 연출했던 기억이 짜릿하다. 그러나 이 두 사건이 갖는 또 하나의 의미는, 한국에 사는 사람뿐 아니라 전 세계에 흩어져 있는 교포 사회에 이르기까지 범 민족적인 관심을 불러일으켰다는 데에 있다.

지난 선거에서 나는 연변에 있는 탓에 처음으로 대통령 선거에 투표권을 행사하지 못하는 아쉬움을 남겼다. 그러나 21세기 한국의 운명을 결정지을 중요한 선거인지라 몸은 중국에 있어도 마음은 투표장에서 부재자 투표를 치르고 있었다. 그러는 동안 새삼 깨달은 흥미로운 사실은 연변에 사는 조선족들의 공통적인 반응이었다. 평소에 한국에 부정적이고 반발이 심하던 사람들조차도 한국의 대통령 선거에 몹시 관심을 나타내면서, 특별히 노무현 후보에게 거의 일방적인 지지를 보이고 있다는 것이었다. 마지막 정몽준 대표의 단일화 파기 선언이 있자, 마치 자기들의 일인 것처럼 아쉬워하고 더러는 분개하는 모습에 나는 왜 이들이 이렇게 반응할까 하고 의아스럽기도 했다. 어느 후보가 당선이 되든 자신들에게 직접적인 영향이 오는 것도 아닐 터인데 하고 생각하며 그들에게 질문을 해 보았다. 그러나 의외로 그들의 대답은 간단했다. 물론 민족의 장래와 통일 문제를 거론하는 지식인들도 없지 않았지만, 노무현 후보가 당선되어야만 연변에 있는 조선족에게도 조금이나마 혜택이 돌아올 것이라는 막연한 기대심리 때문이었다. 더러는 한국에 일하러 나가 불법 체류자로 살고 있는 가족들의 문제도 노무현 후보가 당선되어야만 풀릴 수 있을 것이라고 생각하는 사람들도 있었다.

이들의 눈에 이회창 후보가 가진 자와 배운 자 그리고 힘있는 기득권 계층을 대변하는 사람이라면, 노무현 후보는 가난한 자와 못 배운 자 그리고 힘없는 사람들의 권익을 대변하는 사람으로 비치었던 모양이다. 물론 노무현 씨가 어떻게 대통령 직을 수행해 나갈지는 두고 볼 일이지만, 이 같은 서민들의 바람과 흩어진 동포들의 소박한 염원들을 수렴할 수 있는 성공한 대통령으로 역사 속에 기억되길 바랄 뿐이다.

한국 사회에서 일어나는 여러 가지 부조리와 이해할 수 없는 답답한 뉴스들 가운데 가장 안타까운 일은 한국에 들어와 일하는 외국인 근로자들에 대한 폭력적인 인권 유린과 비인간적인 대우에 관한 것이었다. 아무리 배타적인 민족성을 가진 사람들일지라도 어떻게 저럴 수가 있을까? 자신들이 못살고 어렵던 시절, 남의 나라에 가서 눈치 보며 서러운 이민생활을 하던 때가 바로 엊그제인데, 이제 조금 허리 펴고 어깨에 힘주고 살 만큼 되었다고 저렇게 약하고 불쌍한 사람들을 박대할 수 있단 말인가? 분노와 울분이 치민다.

성경은 유독 힘없고 가난한 자에게 자비를 베풀 것을 강조하는 책이다. 고아와 과부를 돌보며 비록 이방인이라 할지라도 나그네를 후히 대접하라는 것이 성경의 가르침이다.[1] 그 말씀을 받았던 유대인들이 세월이 흐르면서 배타적인 선민의식에 사로잡혀 타민족을 배려하지 못하는 역사 속의 '왕따' 민족으로 나타나 수많은 갈등과 더러는 유혈 충돌을 일으킨 것을 기억한다. 그러나 오랜 전통과 예절 속에서 나그네에게 인심이 후하기로 이름났던 우리 민족마저 어쩌다가 이토록 이기적이며 박절한 인심을 지닌 악한 사람들이 되고 말았는가? 생각할수록 기가 막히고 안타까운 일이다. 일제의 강점, 분단과 동족상잔의 참혹한 전쟁, 그리고 오랜 군부 독재를 거치는 동안 한국 근대사의 뼈아픈 상처들이 민족성 자체를 변질시키고 말았단 말인가? 인구의 사분의 일 가량이 크리스천이라는 기독교 강성 국가가 되었고, 세계 선교의 주역을 담당하겠다고 수많은 선교사들을 국외에 내보내고 있는 자랑스러운(?) 민족이라는 점을 생각하면 더욱 한심한 일이다.

그러나 이 일은 자괴심으로 그칠 단순한 문제가 아니다. 만일 한국이 코리안 드림을 꿈꾸며 몰려드는 수많은 외국인 근로자들을 성경적으로, 아니 인도적으로 대하지 않는 과오를 계속 범한다면 반드시 하나님의 심판과 저주를 받게 될 것이라는 불안한 예감을 떨칠 수가 없다. 비단 다른 나라 다른 민족뿐이랴. 한 핏줄을 이어받은 조선족 근로자들을 대하는 데에도 똑같은 잘못을 범하고 있기는 마찬가지다. 중국에 살고 있는 200만 조선족들은 장차 중국이 세계의 최강국으로 등장하는 날에 우리 민족을 위해 중간 역할을 할 보물과 같은 존재들이다. 우리가 거꾸로 조선족들의 도움을 받아야 할 날들이 눈앞에 다가오고 있는데, 한 치 앞을 내다보지 못하는 어리석은 행동들을 하고 있는 것이다.

한참 사회의 물의를 일으켰던 조선족 사기 사건의 진상을 알아보기 위해 언젠가 한국의 여러 종교단체와 사회단체 지도급 인사들이 찾아와 연변과기대에서 진상 규명과 대책을 논의하는 회의를 가진 일이 있었다. 마땅히 해야 할 일이라고 생각하여 회의 장소를 제공했다가, 그동안 울분 속에서 살아가던 피해자 가족들이 대거 학교로 몰려들어 회의장 밖에서 농성하는 바람에 큰 곤욕을 치르게 되었다. 단지 한국 사람이라는 이유로 우리 교직원 중 한 분이 퇴근하다가 뒤에서 던진 돌에 맞는 테러를 당하는 일까지 발생하였다. 그때 떠오른 생각은 200만 조선족 동포를 돌보지 못하는 사람들이 어떻게 북한의 2,000만 민족을 껴안는 평화 통일을 이룰 수 있단 말인가? 하는 것이었다. 참, 요원한 일이다.

이런 답답한 현실 속에서 노무현 씨의 대통령 당선이 조선족 동포들의 순박한 생각처럼 한 가닥 새로운 희망의 불씨가 될 수 있을지, 안타까움과 근심이 앞선다. 또다시 인내심을 가지고 지켜보는 수밖에……

■ ■ ■

북한에 있는 동포들이 극심한 기근에 휩싸여 있다는 소식을 접할 때마다, 강 하나를 사이에 둔 바로 인접한 곳에 살고 있으면서도 직접 돕지 못하는 안타까움이 늘 있었다.[2] 그러나 우리에게 맡겨진 본분은 학교에서 이곳 중국의 학생들을 잘 가르치는 일이었기에, 북한을 돕는 일은 그것을 도맡아하시는 김진경 총장께 일임하고 우리를 대표해서 어련히 잘 하시겠지 하며 그럭저럭 마음에 위안을 삼고 있었다. 그러나 1996년 겨울부터 북한이 유래 없이 큰 흉년을 맞으면서 그들이 겪고 있는 굶주림의 정도가 너무나 깊어지다 보니 더 이상 뒷전에 물러앉아 있을 수 없는 상황으로 내몰리기 시작했다. 교직원들은 자체적으로 헌옷 모으기 운동을 벌여 인근 북한의 도시로 들어가는 조선족들 편에 건네주기도 하고, 헌금으로 모은 돈에서 식량거리를 구입하여 보내기도 하는 등, 어떤 식으로든 발 벗고 나서서 도와야겠다는 의식이 높아지게 되었다. 뿐만 아니라 도울 수 있는 길만 열리면 개인적으로 사귀고 있던 조선족들을 통해서도 도우려는 생각들을 갖게 되었다. 우리 가족 역시 알고 지내던 몇몇 조선족 분들로부터 그곳의 극심한 피해 목격담과 경험담을 듣곤 하였다. 어느 순간, 탈북자들을 통제하며 가능한 한 폐쇄 정책을 써 오던 북한이 더 이상의 기아를 방치할 수 없는 상황에 이르러 한 동안 중국에 있는 친척 방문을 대폭 허용한 일이 있었다. 연길 시내에서도 북에서 건너온 사람들과 쉽게 접할 수 있게 되자 그동안 소문으로 들리던 끔찍한 일들이 대부분 사실임이 드러났다.

옆구리에 시꺼먼 보퉁이를 하나씩 끼고 변경을 막 건너온 그들의 몰골은 한마디로 뼈와 가죽만 남은 완전 거지 행색이다. 나이보다 보통 열 살에서 스무 살은 더 먹어 보이는 새까만 얼굴로 입을 열어 말을 할 때면 관자놀이가 움직이는 것이 다 들여다보인다. 어떤 이들은 오랜 굶주림에서 비롯한 공포가 얼굴과 눈빛에 나타나고, 사람들과 말을 할 때면 눈에 초점을 잃고 연신 주위를 두리번거리며 살피는 경우도 있다. 마주하고 있는 북한의 도시 남양에서 두만강 다리를 건너 중국의 도문시로 건너온 그들은 너무나도 부유하고 풍요로운 신세계로 들어온 충격에 한동안 어리둥절한 모습을 보인다. 양쪽을 다녀온 사람들의 표현에 의하면, 한국 사람이 중국에 와서 느끼는 문화적 충격보다도 중국에서 북한으로 건너갔다 올 때 더 큰 충격을 받는다고 하니, 그들의 현재 상황이 얼마나 극심한지 가히 짐작할 만하다.

연변예술대학에서 성악을 가르치다가 은퇴하신 J선생이라는 여성이 있다. 같은 음악인으로서 자주 접촉하다 보니 아내와 자연 가깝게 지내게 되었다. 그분의 남편 역시 같은 대학에서 첼로를 전공하신 분이라 이런저런 연고로 우리 아이 다니엘에게 첼로를 가르쳐 주게 되었다. 여느 조선족들에 비해 곱게 늙으시고 학교에서 평생을 지낸 분들이라 지식인의 티가 배여 있었다. 우리 아이가 다녔던 북산소학교 바로 인접한 곳에 그분들의 집이 있어서 방과 후에 아이를 데리고 첼로 학습을 받으러 가면, 노부부가 아이를 반겨 먹을 것을 챙겨 주며 다니엘을 마치 손자처럼 귀여워하곤 했다. 그분들을 통하여 북한의 여러 가지 형편들을 자주 듣게 되었는데, 들을 때마다 기가 막힌 일들뿐이었다. 하루는 북한의 최고급 예술단에서 은퇴한 부부가 자신들을 방문한 이야기를 들려주었다.

그들은 1960년대에 J선생 부부와 더불어 연변 가무단에서 함께 일했었다. 성악으로 뛰어난 실력을 갖춘 지식분자들로서 연변에서도 한참 이름을 날리던 사람들이었는데, 연길이 살기가 어려워 북한으로 건너갔다. 그 시절만 해도 중국이 문화혁명을 겪으면서 식량 사정이 북한보다 훨씬 나쁜 상태였는지라 좀더 살기 좋은 조국을 찾아 두만강을 건넌 것이었다. 대부분의 공산주의 사회가 그렇듯 예술인들을 비교적 우대하기 때문에 그들도 한동안은 괜찮았으며, 부인은 그 유명한 북한식 오페라 '피바다'에서 여주인공 역할까지 맡아 했다.

그들이 30년이 지난 이제, 먹을 것을 찾아서 다시 생명의 강 두만강을 건너 옛 동료의 집을 방문한 것이다. 그들의 모습은 한마디로 거지였다. 한솥밥을 먹고 지내던 동료가 어떻게 이렇게 비참한 모습으로 변할 수 있을까 싶을 정도로 백발의 꼬부장한 노인이 되어 나타난 그들을 보며 J선생 부부는 아연실색하였다. 자신들에 비해 스무 살은 더 먹어 보이는 그들에게는 과거의 당당하고 화려했던 자취는 눈을 씻어도 찾아볼 길 없었다. 오직 먹을 것을 찾아 시꺼먼 보자기를 가슴에 안고 맨발에 뒤축이 전혀 없는 얇은 운동화를 신고 벌벌 떨며 그곳까지 찾아온 것이다.

가까스로 방문 허가증을 받은 후, 국외 여행자에게만 특별히 배급해 주는 운동화—대부분 신고 갈 신발이 없기 때문이다—를 남아 있는 자식들에게 식량으로 바꿔먹도록 남겨 놓고 평양에서 기차를 탔다고 했다. 지붕도 얼기설기, 유리창도 다 깨져 나간 기차. 섣달의 매서운 바람과 차가운 눈발을 그대로 맞으며 국경까지 오는 데 무려 엿새가 걸렸다. 땔감이 떨어지면 눈 속에서 하염없이 서 있는 기차. 평양에서 출발할 때 간신히 마련한 주먹밥 몇 개를 조금씩 뜯어먹으며 그렇게 엿새를 버텼다.

북에서 막 건너온 사람들에게 하얀 쌀밥을 상에 얹어 주면 울음을 삼키느라 한참 동안 먹지를 못한다. 뻘겋게 충혈된 눈에서는 하염없이 눈물이 쏟아지고, 옛 동료 앞에서 체면이라도 세우고 싶은데 숟가락을 쥔 손은 부들부들 떨리기만 했다. 밥을 먹은 후, 맨발로 웅크리고 있는 그들의 모습이 딱하여 신던 헌 양말이나마 신으라고 건네주었더니, 황송해하며 잠시 신는가 싶더니 어느새 다시 벗어서 잘 개켜 두었다. 신지 않고 가지고 가서 양식으로 바꿔 먹으려는 것이다.

그 이야기를 듣고 가슴이 아파서 며칠 후 퇴근길에 J선생 집에 다시 들렀다. 그분들께 전해 달라고 집에 있는 옷가지들을 모아서 한 보따리 가지고 갔다. 보따리를 내려놓고 나오다 보니 또 마음이 걸렸다. 지갑을 꺼내 들여다보니 비상금으로 가지고 다니는 100달러가 들어 있었다. 저만치 들어가는 J선생을 급히 불러 세워서 그분들께 식량할 돈으로 드리라고 전해 주고 돌아왔다. 나중에 들어 보니 100달러면 북한에서는 엄청나게 큰 돈이라서, 자식들 가정까지 포함한 그들 식구가 몇 달은 먹고 살 수 있는 돈이라고 했다.

정직한 J선생은 그들에게 돈을 전해 주며, 이름을 밝히지 않은 예수 믿는 어떤 분들이 전해 준 것이라고 말했다고 했다. 그들은 그것이 너무나 고마워서 고맙다는 말을 꼭 전해 달라고 수없이 당부하고 떠났다고 했다. 그리고 두만강을 건너 북한으로 넘어가기 직전 다시 전화를 걸어 마지막으로 한마디를 더 남기고 갔다.

"이름도 얼굴도 모르는 그분들에게 꼭 전해 주시오. 우리가 가장 어려울 때 우리를 도와주신 그분들을 우리는 영원히, 영원히 잊지 않을 것이라고."

■ ■ ■

자기 의에 빠져서 내가 사랑해야 할 이웃이 누구냐고 묻는 율법사에게 예수는 선한 사마리아인의 비유로 응대하신다. 자신의 종교 행위에는 바쁘면서도 강도 만난 이웃을 외면하는 외식적인 종교인들을 질책하시며, 여행 중 강도 만나 쓰러진 유대인을 구해 준 사람은 오히려 유대인이 멸시하며 원수처럼 생각하던 사마리아인이었다는 파격적인 비유로 도전하는 것이다. 그 사마리아인은 어떤 사람이었을까? 그는 선천적으로 부유하고 선한 사람이었기에 그 일이 가능했을까? 예수는 그에 대해 이렇게 표현하고 있다. 그는 강도 만나 죽어 가는 영혼을 바라볼 때 불쌍히 여기는 마음을 지닌 사람이었다. 그리고 비록 바쁜 여행길에 있었지만 생명을 살리기 위해 자신의 시간과 물질을 내어놓을 수 있는 사람이었다. 뿐만 아니라 자신이 직접 다가가 상처를 싸매어 주고 또 나귀에 싣고 주막에까지 데려와 돌보아 주며 완전히 나을 때까지 관심을 아끼지 않는 온정과 배려의 마음을 지닌 사람이었다고 묘사하고 있다. 그의 사랑은 사회적 관습과 민족의 경계를 뛰어넘는 보편적 사랑이었다.

나는 이 사마리아인의 배경에 대해 조금 더 상상력을 발휘해 보았다.

어쩌면 이 사람은 1년에 한 차례씩 생필품을 사기 위해 예루살렘 장터를 오가던 사마리아의 가난한 시골 서생이 아니었을까? 그가 길을 떠날 때 그의 아내는 꼭 사 와야 할 물건들의 목록을 적어 주고, 집에 남아 있는 두 아들에게 줄 선물을 사 오도록 당부하며 두 데나리온쯤을 그의 손에 쥐어 주었을지 모른다. 나귀를 타고 바쁜 걸음을 재촉하던 중 길가에 쓰러져 죽어 가는 유대인을 보았을 때 그는 도저히 그냥 지나칠 수가 없었다. 황급히 나귀에서 내린 그는 여행 중에 조금씩 아껴 마시던 포도주를 환자의 상처에 아낌없이 부어 급한 대로 조치하였다. 서둘러 환자를 자신의 나귀에 태우고 자신은 땀을 뻘뻘 흘리며 나귀를 끌고 걸어서 여관으로 찾아갔다. 장이 파하기 전에 환자를 두고 떠나야 했던 그는 혹시 그를 치유하는 데 돈이 부족할까 봐 자기에게 꼭 필요한 두 데나리온을 여관 주인에게 내어놓고 돌보아 달라고 부탁하였다. 선물을 사 가지고 돌아오기를 손꼽아 기다리고 있을 아내와 두 아들을 생각하는 그의 마음은 쓰라렸지만, 죽어가는 사람을 그냥 두고 볼 수는 없었다.

강도 만난 우리의 이웃은 누구인가? 이들을 외면한 채 호화로운 한국 교회에서 귀족적인 종교생활을 하는 제사장과 레위인은 없는가? 예수는 마지막 질문을 던진다.

"네 의견에는 이 세 사람 중에 누가 강도 만난 자의 이웃이 되겠느냐?"

그리고 그 율법사에게 도전적으로 이렇게 명령하신다.

"가서 너도 이와 같이 하라"(Go and do likewise).

지난 2002년 성탄절 저녁, 연변과기대 강당에서는 작지만 매우 특별한 행사가 열렸다. 연변 지역의 대표적인 문인들을 초청한 가운데 'YUST 문학상' 시상식을 가졌다. 연변과기대 개교 10주년을 기념하는 여러 행사를 준비하던 중, 자치주에서 우리 글과 말을 지키는 데 가장 큰 역할을 담당해 온 문인들에게 힘과

용기를 주자는 뜻으로 자리를 마련한 것이다. 이 행사를 기획 주관하는 동안 나는 우연한 기회에 지난 10년간 발표되었던 조선족 문단의 주요 작품들을 섭렵할 수 있었다. 그 과정에서 생생하게 깨우친 것이 있다면, 지난 100여 년에 걸친 조선족들의 피눈물 나는 이민 역사와 생존을 위한 몸부림이었다. 망해 버린 조국을 떠나 목숨을 부지하기 위해 찾아온 이국땅에서 겪는 갖은 수모와 고통 속에서도 민족의 정체성을 잃지 않으려고 노력해 온 선조들의 체취가 작품마다 배어 있었다. 나도 모르는 사이에 이들을 깊이 이해하게 되었고, 왜 우리가 이곳에 와서 일하고 있는지 더욱 분명하게 깨닫게 되었다.

힘든 여건 속에서 제대로 대접받지 못하던 문인들 150여 명을 크리스마스 만찬에 초대하여 대접하고, 여러 장르에 걸쳐 작품을 선별하여 파격적인 상금과 함께 시상을 하였다. 딱딱한 시상식을 탈피하기 위해 아내와 합작하여 시와 음악이 어우러진 아름다운 문화 행사를 만들어 그분들의 마음을 촉촉이 어루만져 주었다. 크리스마스에도 강의를 하고 시험을 치러야 하는 공산주의 국가의 특별한 환경 속에서, 낮아지신 예수의 마음을 몸으로 표현한 중국식 성탄절 행사였던 것이다.

'그리운 금강산'과 '화이트 크리스마스'가 함께 흐르는 밤이었다.

1) "너는 이방 나그네를 압제하지 말며 그들을 학대하지 말라 너희도 애굽 땅에서 나그네이었었음이니라 너는 과부나 고아를 해롭게 하지 말라 네가 만일 그들을 해롭게 하므로 그들이 내게 부르짖으면 내가 반드시 그 부르짖음을 들을지라 나의 노가 맹렬하므로 내가 칼로 너희를 죽이리니 너희 아내는 과부가 되고 너희 자녀는 고아가 되리라"(출 22:21-24).

2) 이 단락은 필자의 《예수는 평신도였다》에 실린 글로서, 책의 주제와 흐름에 맞추어 필요한 부분이라 생각되어 재인용하였다.

여섯 번째 이야기 부부

이 비밀이 크도다

부부

내 안에 있는 당신을 찾기 위해
먼 길을 그렇게 달려왔습니다.
당신 눈에 어린 나를 보았을 때
그리 기뻐 눈물 흘렸었지요.

우리가 만나는 날 설렘으로 온 가슴 두근댔지요.
당신이 나를 에우듯 나도 당신을 품었댔어요.

격정과 사무침으로 당신을 채우려 할 때는
그렇게 아쉽고 모자랐지만
어려운 걸음걸음 함께 걸을 때
당신이 곁에 있어 날 지켜 주었어요.

이제 인생의 호숫가 석양의 벤치에
나란히 앉아 지는 해를 바라봅니다.

말없이 포개 잡은 손등의 속삭임
물 위에 비친 우리 아름답지요?

당신이 총총 떠나고 나면
나 혼자 이 길을 또 가야겠지요.

이 비밀이 크도다

덩치가 커다란 한 남학생이 찾아와 불쑥 말한다.

"선생님 이번 한국 연수생 선발에는 제가 꼭 가야겠슴다."

"아니, 왜?"

"한국 간 울 어머이 못 본 지 7년이 넘었슴다. 이번에 못 보면 영영 기회가 없을 것 같슴다."

나는 더 이상 할 말이 없어진다.

연변 학생들을 면담하다 보면 종종 아픔을 느낀다. 부모 밑에서 사랑을 받으며 온전하게 자란 학생들보다 부모에게 심한 상처를 받았거나 부모 중 하나 혹은 둘 다 돈을 벌기 위해 집을 떠나 이산가족으로 살아가는 가정이 의외로 많다는 사실을 발견하기 때문이다. 한국으로, 러시아로 혹은 중국 남방의 먼 지역으로 돈 벌러 떠나 버린 부모들. 돈과 함께 소식을 전해 오는 부모는 그래도 불행 중 다행이다. 처음에는 자주 오가던 소식이 뜸해지다가 영영 끊겨 버린 경우도 있고, 더러는 부모 중 하나가 외국 생활을 하다 돌아와서는 문화적 갈등과 그런저런 이유로 이혼하여 결손 가정이 된 학생들도 있다. 시대의 아픔을 지고 살던 이들에게 개혁 개방과 더불어 찾아온 코리안 드림은, 가난했지만 오히려 단란하게 오순도순 살아오던 이들의 마지막 행복의 터전마저도 빼앗아 가고 있었다.

"아니, 공부하겠다더니 갑자기 왜 취직을 해?"

평소에 공부도 잘하고 밝고 쾌활하게 지내던 여학생이 갑자기 유학의 꿈을 포기하고 취직을 하겠다고 나섰다. 이상해서 꼼꼼히 캐물었더니, 마침내 눈이 붉어지면서 눈물을 뚝뚝 흘리기 시작한다. 어릴 때 공사장에서 사고로 몸져누운 아버지, 13년간 병수발을 하던 어머니는 마침내 이혼하고 한국으로 떠나 버렸다. 남은 아버지와 동생을 그 아이가 책임지고 있었던 것이다.

가정에 대해 비관적인 생각을 갖고 자란 이들에게 참다운 크리스천 가정이 어떤 것인지 보여 주는 것은 무척 중요하다. 더러는 부부애의 아름다운 모습을 보여 주는 것이 의미 있는 사역이될 때도 있다. 수시로 학생들을 데려다가 집에서 먹이며 함께 살아가는 우리 교직원들의 삶은 자연스럽게 그들 눈에 거울처럼 비쳐진다. 우리 집을 거쳐 간 졸업생들이 보내온 편지 속에는 자신이 부모에게 받았던 상처 때문에 가정을 이루지 않으리라 생각했었는데 우리 가정의 모습을 보면서 그 결심을 접고 이제 배우자를 위해 기도하고 있다는 고백이 담겨 있기도 한다. 그럴 때마다 스스로 돌이켜보며 아직도 부족하고 간혹 티격태격 싸우기도 하는 결점투성이 우리 부부가 그들의 눈에 그렇게 비쳤다는 것이 그저 감사할 뿐이다. 만일 내가 예수를 믿지 않고 과거처럼 술에 취해 멋대로 살고 있었더라면 내 가정을 오늘 이 자리까지 바로 이끌어 올 수 있었을까? 그 대답은 분명 "아니요"다. 결코 그렇지 못했을 것이라는 결론이다.

하나님이 세우신 인간 사회의 근본은 가정에서 출발한다. 사단은 가정을 파괴하는 일에 모든 수단을 동원하여 공격해 오고 있다. 물질주의와 21세기의 퇴폐문화 그리고 과학만능주의가 인간의 기본적인 도덕과 윤리의식마저 마비시키고 있는 것이다. 지난 20세기 후반 한국 사회가 겪었던 급격한 경제발전은 물질을 행복의 판단 기준으로 삼는 천민자본주의로 나타나 오히려 가정의 근원적인 가치관을 흔들고 있다.

결혼한 부부 두 쌍 중 한 쌍이 이혼하는 최악의 상황으로 치닫고 있으며, 동성애와 사이버 섹스, 인간복제 논쟁 등을 거치면서 결혼제도 자체가 흔들리고 있다. 동성끼리 가정을 이루고, 원하면 유전자은행에서 제공받은 정자와 난자로 인공 배아를 만들어 자식을 삼을 수 있으며, 더러는 독신으로 살더라도 자신의 아이를 가질 수 있고, 사이버 공간에서 성적인 쾌락과 만족까지 취할 수 있으니, 더 이상 고전적 개념의 결혼은 필요 없다고 생각하는 신세대들이 점차 늘어나고 있다. 어떻게 하면 이 기막힌 세태로부터 우리의 아이들을 지킬 수 있을까? 최선의 대답은 하나, 우리 부부 된 자가 먼저 가정의 바른 모습을 본으로 세워 주는 길밖에 없다.

■ ■ ■

제가 종종 쓰는 수법 중에 자신의 이야기를 꺼내는 것이 쑥스러워 제 아내 이야기를 하는 경우가 있습니다. 물론 제 아내 몰래 말이죠. 아내는 자기 이야기를 하는 것을 무척 싫어하지만 어쩔 수 없죠, 뭐. 그래도 그것이 훨씬 자연스러운걸요. 어차피 부부는 일심동체니까요. 아내는 남편을 비추는 거울이나 마찬가지 아니겠어요? 오래 같이 살다 보면 으레 그렇게 되는 법이지요.

지금은 거의 자정이 되었어요. 밖에는 하얀 눈이 소복이 쌓이고 있고요. 아내는 침대에서 먼저 잠이 들어 있습니다. 하루 종일 힘들었던 모양이에요. 내가 살짝 빠져 나오는 것도 모를 만큼 아내는 피곤했나 봅니다. 이전에는 남편보다 먼저 잠을 자는 일이 절대 없었거든요. 그것을 마치 아내의 수치라고 생각하는 것 같았어요. 신혼 시절, 제가 술을 많이 마시던 때에도 취해서 새벽녘에 들어가 보면, 그때까지도 아내는 귀엽게 화난 표정을 하고 앉아 있곤 했거든요.

그래요. 아내가 나와 결혼한 걸 생각하면 지금도 신기한 일이죠. 만나기만 하면 아무 말도 하지 않고 술만 마시는 장발의 히피 청년을 아마 그녀는 좋아했던 모양이에요. 나는 어느 날 술을 마시다 말고 갑자기 일어나 꽃을 한 다발 사들고 무작정 그녀의 집으로 쳐들어갔지요. 그녀를 만난 지 채 한 달이 되었을까 하던 때였어요. 그리고 장인 장모께 그 자리에서 결혼 승낙을 받아 버렸던 거예요. 아내는 깜짝 놀라 눈을 동그랗게 떴어요. 참 전설 같은 이야기지요. 우리는 두 달 후 12월 23일 결혼식을 올리고 신혼여행에서 화이트 크리스마스를 보냈어요. 정말 들뜨고 기분 좋은 크리스마스였어요. 온 세상이 마치 우리들의 결혼 선물인 것만 같았다니까요.

지난번 밴쿠버 코스타에서 어느 목사님이 그러시더군요. 자기는 집에서 '남존여비'로 산다고요. 그런데 그 뜻이 '남자가 존재하기 위해 여자의 비위를 맞추는 것'이라나요? 모두들 웃는 가운데 나도 모르게 속으로 쓴웃음을 지었지요. 후후후, 나 같은 사람이 또 하나 있구나 하고 말이죠.

저희 부부에게는 신혼 시절부터 변하지 않은 것이 있어요. 아침마다 아내는 제가 입을 옷과 넥타이를 골라 줍니다. 그것은 아내의 특권이지요. 나는 아내가 마음에 안 들어 하면 아무리 바빠도 다시 옷을 바꾸어 입고 나가야 합니다. 어떤 날은 바꾸어 입은 옷이 또 마음에 안 들어서 원래대로 다시 바꾸어 입기도 합니다. 짜증이 나다가도 나는 문득 참아 버립니다. 아니 무슨 남자가 그러냐고요? 흐흠, 사실 나는 원래 그런 남자는 아니었지요. 오히려 아내의 말을 무시하고 내 멋대로 고집을 부리던 그런 사람이었다고요.

결혼 전에 아내는 내게 간곡하게 세 가지 부탁을 했어요. 먼저 제발 교회에서 결혼식을 올리게 해 달라고 했지요. 아내는 어려서부터 교회에서 반주자로 자라난 사람이었어요. 제가 그것을 싫다고 하자, 아내는 그러면 주례만이라도 목사님이 하게 해 달라고 했어요. 물론 저는 그것도 거절했습니다. 그러자 아내는 마지막으로, 결혼식 날 자기 교회 선배들이 와서 축가를 부르게 해 달라고 했습니다. 저도 그 정도는 양보해야 할 것 같아서 승낙을 했지요. 그런데 막상 결혼식 날 그 사람들이 부르려는 노래가 아주 이상한 노래가 아니겠어요? 결국 그마저 못 부르게 했습니다. 지독한 고집쟁이였지요. 물론 결혼 후에도 아내의 간절한 부탁을 뿌리친 채 매 주일 집에 혼자 남아 담배를 피우며 빈둥빈둥 시간을 보내곤 했지요.

그러다가 우리는 공부하러 미국으로 가게 되었습니다. 떠나기 위해 가방을 쌀 때에도 내가 무게 많이 나간다고 성경책을 빼 놓으면 어느새 아내가 살짝 집어넣고 그런 실랑이를 했지요. 그러던 내가 미국에서 믿음을 갖게 되었고, 몇 년 만에 오히려 아내가 따라오기 힘들어할 만큼 앞서가는 사람이 된 거예요. 참 신기한 일이죠? 어떻게 그런 일이 있을 수 있냐고요? 그 이야길 하자면 너무 길어서 오늘은 생략할게요.

아무튼 어느 날, 나는 아내에게 중국으로 가겠다고 폭탄선언을 했지요. 아내는 음악을 하는 여자라 감정이 섬세하고 또 유난히 깔끔한 성격이에요. 그녀는 큰 교회의 오르간 반주자였어요. 그리고 대학에서 강의를 하고 세종문화회관에서 독주회를 하는 등 한창 자신의 음악 세계를 쌓아 가던 중이었지요. 더구나 그 당시 중국의 여건은 너무나 나빴어요. 아내는 몹시 놀라서 많이 울었지요. 아마 1년 동안 기도하며 울었던 것 같아요. 그러던 어느 날 아내는 마침내 결단을 하고 내게 환한 웃음으로 함께 가겠다고 말했던 거예요. 그날 저는 아내가 얼마나 기특하고 예뻐 보였는지, 그때 속으로 결심했어요. 앞으로 살아가는 동안 한 가지만 빼고 일상적인 일들은 아내가 하자는 대로 해 주자고 말이에요. 그 한 가지는 우리 가정이 어디로 갈 것인가 방향을 정하는 문제지요. 물론 그것은 아직도 제가 결정한답니다.

아내는 처음 중국에 와서 고생을 무척 했어요. 공기도 나쁘고, 물도 안 나오고, 도무지 아내의 깔끔한 성격에는 안 맞는 곳이었지요. 더구나 나는 쉴 새 없이 손님들과 학생들을 집으로 데리고 왔거든요. 아내는 고기를 썰다가 팔과 어깨를 다쳐서 한동안 피아노와 오르간 치는 것도 힘이 들 정도였지요. 그 당시 중국에서는 고기를 덩어리째 신문지에 싸 주었거든요. 그 모습이 불쌍해서 언젠가 아내의 생일에 내가 특별한 선물을 사 준 적이 있었지요. 연길 시내를 다 돌아다녔는데 정말 사 줄 물건이 없더라고요. 그때 제 눈에 번쩍 뜨인 것이 있었어요. 커다란 직사각형 중국식 주방용 식칼이었어요. 그것만 있으면 아내가 힘이 덜 들 것 같았지요. 나는 신이 났지요. 그런데 그날 밤, 기대에 차서 선물 포장지를 풀러 본 아내는 화를 내며 그만 토라져 버리더라고요. 여자들이란 참!

매년 크리스마스 무렵이 되면 이상하게도 학교에 행사가 많아서 우리는 결혼기념일을 지킬 수가 없었어요. 결혼 10주년이 되던 해에도 그랬지요. 나는 하루 종일 교직원 수련회에서 사회를 맡고 있었어요. 아내는 계속해서 반주를 해야 했고요. 아내의 성격을 아는지라 10주년을 그냥 넘어가면 안 될 것 같아 무척 걱정이 되었어요. 그런데도 도무지 선물 사러 갈 틈조차 나지 않더라고요. 그런 내 마음을 어떻게 알았는지 샘(Sam)이라 불리는 노랑머리의 미국인 동료가 내게 살짝 다가왔어요. 우리 집 열쇠를 자기에게 빌려 달라는 것이었어요. 나는 어리둥절한 채 그에게 열쇠를 건네주었지요.

밤늦게 행사가 끝나고 아내와 나는 지친 몸을 이끌고 집으로 돌아왔어요. 추운 겨울 날 잠든 아이를 안고 택시를 잡느라 힘이

들었지요. 아내는 이미 화가 많이 나 있어서 내게 말조차 하지 않았어요. 택시 문을 쾅 닫고 저만치 앞서서 걸어가는 걸로 보아 마음이 많이 상한 것 같았어요. 캄캄한 골목길을 지나 우리가 사는 아파트의 어두컴컴한 층계를 더듬어 올라갔지요. 그날따라 손전등도 안 가지고 나와서 계단은 칠흑같이 어두웠어요. 그런데 아파트의 문을 여는 순간, 나는 깜짝 놀라서 한동안 입을 다물 수가 없었어요. 집 안이 마치 딴 세상처럼 변해 있는 것이었어요. 아름다운 풍선 장식으로 온통 덮여 있었어요. 식탁에는 미국에서나 볼 수 있는 예쁜 포장지로 싼 선물과 아름다운 꽃다발이 놓여 있었고, 아니 글쎄, 얼음에 싸인 포도주도 한 병 있는 것이 아니겠어요? 마치 우리가 신혼여행 때로 되돌아온 기분이었어요. 아내는 자기가 마치 신데렐라가 된 것처럼 놀라 우두커니 서 있더니 돌아서서 눈물을 글썽이며 나를 꼭 안아 주는 것이었어요. 물론 그 모든 것을 내가 어느새 준비했다고 생각한 것이었지요. 나는 아내의 그 기분을 깨뜨리고 싶지 않아서 그냥 가만히 있었어요. 그리고 그 사실을 무려 1년 동안이나 숨기고 있었지 뭐예요. 아무튼 그런 신기한 일들이 틈틈이 일어났기 때문에 우리 부부가 아직까지 중국에서 버티고 있는 것 같아요.

중국에서는 아내를 애인 동무라고 부른답니다. 나는 그 호칭을 무척 좋아하지요. 왜냐하면 연애하는 사람들처럼 가끔씩 다투고 토라지기도 하지만, 인생의 동반자로 함께 걸어가며 동무처럼 오순도순 살아가고 있는 우리 부부의 모습을 잘 표현하고 있는 것 같아서 그렇지요. 아내의 잠든 모습을 보면 사실은 정말 미안한 생각이 일어납니다. 내가 너무 그녀를 힘들게 했기 때문이죠. 올해도 크리스마스가 다가오는데, 걱정입니다. 올해 결혼기념일과 크리스마스는 또 어떻게 넘겨야 하나? 아마 또 신기한 일들이 일어나기를 기다려야 하겠죠? 밖에는 아직도 눈이 포근히 내리고 있네요.

■ ■ ■

가정은 하나님이 우리에게 천국의 모형을 보이시기 위해 주신 최대의 선물이다. 그러나 크리스천 가정이라 할지라도 여러 가지 이유로 깨어지거나 온전치 못하게 되는 경우가 있다. 우리의 이기심과 배려하지 못하는 마음과 사랑 없음과 상대방의 작은 허물을 덮지 못하는 입술의 부정함으로 가정이라는 그 보물에 흠집을 내는 경우가 얼마나 많은가! 그 모자람의 아픔 속에서 우리는 천국을 간절히 소망하며 신부처럼 단장한 새 예루살렘 성의 도래를 기다린다. 하나님께서는 우리에게 천국에 대한 더 깊은 믿음과 깨달음을 주기 위해 더러는 우리들이 이해하기 힘든 방법으로 다루실 때가 있다. 우리 공동체에서 두 쌍의 젊은 부부가 사별을 했다. 정말 사랑하는 부부, 아름다운 젊은 부부가 갑작스런 병마로 사별하는 것을 바라보는 우리의 마음은 너무나 아프고 원망스러웠다. 그러나 그 아픔 속에서도 성령께서는 일하고 계셨다. 치유의 손길로 어루만지신 것이다.

C사모 영결식을 다녀와서 썼던 추모시를 이 시간 이해할 수 없는 아픔과 고통 가운데 신음하는 모든 가정과 교회에게 드린다.

내 옆구리의 통증(my rib pain)

떠나신 C사모의 아름다운 장례식에 서서,
성령의 위로하심이 우리 공동체 안에 임함을 보았습니다.

남편과 아들들과 동지들과 학생들의
추모의 시와 꽃과 눈물을 받으며
그는 떠나갔습니다.

C동지(同志)······
그는 참으로 우리의 同志였습니다.

형제와의 사이에서 서로를 부둥켜안고

마지막까지 놓지 않았던 사랑과 신뢰의 모습 속에서
더 큰 아픔과 안타까움을 느낍니다.

K교수님을 잃을 때도 마찬가지였지만,
젊은 부부의 이별은 우리를 놀라게 하고 두렵게 하였고,
그것이 바로 우리 자신의 일이라는 것을 새삼 깨닫게
하였습니다.

하나님이 우리에게 남편과 아내를 주어
부부로 맺어 주신 이유는
우리의 부족함과 연약함 속에서 서로 돕는 가운데
그리스도의 사랑을 더욱 깨닫게 하심이 아닙니까?

사도 바울이 에베소서에서
남편과 아내 됨의 사랑에 대하여
"이 비밀이 크도다. 내가 그리스도와 교회에 대하여
말하노라"
고 말한 것의 의미가 더욱 새겨집니다.

어째서, 하나님께서 아내 된 하와를 만드실 때에
아담을 깊이 잠들게 하시고

옆구리에서 물과 피를 쏟게 하시고
그 속에서 끄집어 내셨을까?

십자가에 달리신 그분이 운명하신 후
죽음보다 더 깊은 잠에 빠지신 후에,
옆구리에서 물과 피를 쏟아내신 그 때에
아내 된 교회가 탄생했습니다.

그만큼 아내는 남편의 고통을 통해서만 얻어지는
그런 존재인가 봅니다.
그런 아내를 바라볼 때 남편은 그 통증을 느껴야만 하는데,
아내는 또 남편을 바라볼 때 그 옆구리의 상처를 다시금
생각해야 하는데,

우리는 너무나 쉽게
그 아픔과 고통을 잊고 사는 것 같습니다.
그것은 거룩한 생명의 출산을 위한 산통이 아니었던가요?

우리 공동체에 그 아픔을 상기시키기 위하여
하나님은 K교수님과 C사모님을 먼저 데려가신 것은
아닐는지요?

우리에게 이제 남은 것은
그 영혼을 당신 손에 의탁하나이다 하는 기도밖에는
없습니다.
그분의 음성이 귀에 쟁쟁합니다.

모든 아내와 어미 된 자들아, 네가 이 상처를 잊었느냐?
모든 남편과 아비 된 자들이여, 네가 이 아픔을 벌써
잊었더냐?

요즘 저는 허리에 통증을 느낍니다.
왠지 옆구리가 시리고 아파서 견딜 수가 없습니다.
아픔을 참지 못해 금방이라도 울음을 터뜨릴 것만 같습니다.

내 아내를 바라볼 때마다
복도에 웃으며 지나가는 학생들을 보아도
수업 시간에 강의를 하면서도
옆구리의 통증은 떠나지 않습니다.

멀리서 어렴풋이 무리들과 군병들의 요란한 소리들이
들려오는 듯합니다.
지금 십자가에서 내려오라 그러면 우리가 믿겠노라

조롱하고 욕하는 소리들이 들려옵니다.

십자가가 너무 무겁습니다.

그분의 품속을 떠나는 것이 너무나 싫었습니다.
너무나 두렵고 무서워서 소리 질렀습니다.
엘리 엘리 라마 사박다니

한참 후에

누군가 내 몸을 들어 내리는 것을 바라봅니다.
그리고 내 몸을 세마포로 꽁꽁 싸매는 것을 느낍니다.
답답해서 견딜 수가 없습니다.

그들이 나를 들고 어디론가 들어갑니다.
그리고 어두움, 적막.
얼마나 기다려야 하나?

얼마가 지났을까?
가로막혔던 그 큰 바위가 조금씩 움직이더니
마침내 굴러가 버리고 말았습니다.

찬란한 빛이 쏟아집니다.

아, 그 광채, 그 환희, 그 기쁨.

내 몸은 새털처럼 가볍게 일어납니다.
내 영혼은 햇살처럼 투명하게 빛을 냅니다.

내 옆구리의 통증도 사라진 것 같습니다.

구름 위에 떠올라 내려다봅니다.
지나온 길들이 꼬불꼬불 아롱집니다.
아름다운 노랫소리가 들려옵니다.

그리운 얼굴들이 웃으며 스쳐갑니다.
C사모님도 저기 보입니다.
K교수님도 다가옵니다.
반가운 악수와 포옹이 오고 갑니다.

한 무리가 쏟아져 달려옵니다.
나에게로 반기며 뛰어옵니다.
어디선가 모두 보았던 얼굴들입니다.

그들이 나를 둘러 얼싸안습니다.
그들이 내 앞에 무릎을 꿇습니다.
그들이 모두 내 옆구리의 상처를 만져 봅니다.

그들의 눈에서 눈물이 흐릅니다.
나도 따라서 울었습니다.

그러나 그 눈물은 수정처럼 맑았습니다.

찬송처럼 웃음들이 번져 갑니다.
웃음처럼 노랫소리가 퍼져 갑니다.

할렐루야, 할렐루야. (마라나타)

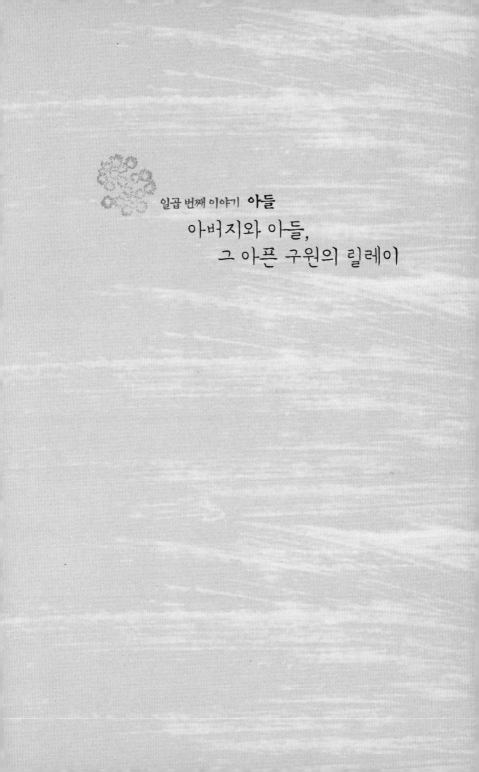

일곱 번째 이야기 **아들**

아버지와 아들,
  그 아픈 구원의 릴레이

아들

아들, 그 설레는 단어
그려도 그려도 가슴이 벅차
둥근 배 만져 보며 눈을 감는다.

아들, 그 어여쁜 얼굴
보아도 보아도 닳지도 않아
품속에 안아 보니 사랑 끓는다.

아들, 그 옹골찬 입술
먹어도 먹어도 배가 안 불러
떠먹는 그 수저 눈길 오간다.

아들, 그 의젓한 기품
믿어도 믿어도 모자람 없어
내 모든 가진 것 퍼내어 준다.

아들, 그 서러운 이별
참아도 참아도 가슴이 쓰려
돌아서 달려가며 눈물 쏟는다.

아들, 그 야속한 모습
그래도 그래도 또 보고 싶어
뒤꼭지 찾아서 기웃거린다.

아들, 그 흐뭇한 마디
불러도 불러도 싫증이 안 나
혼자서 불러 보며 미소 짓는다.

아버지와 아들, 그 아픈 구원의 릴레이

큰아들 다니엘이 캐나다 토론토로 유학을 가게 되었다. 기도 응답에 대한 감사와 아들을 떠나보내게 된 아쉬움이 교차했다. 이 결정을 하는 과정에서 우리 부부는 하나님의 세밀하신 인도를 받았다. 중국 온 지 9년째 된 다니엘이 문화적 갈등으로 더 이상 연길에 머물러 있기를 원치 않았기 때문이기도 했지만, 이 길이 하나님이 직접 열어 주신 길이라는 확신이 있었다. 그리고 그 아이에게 스스로 걸어가야 할 넓은 세계를 보여 줄 때가 되었다는 판단도 했다. 초등학교 1학년짜리 철부지를 중국으로 강제로 데리고 와서 중국 학교에 집어넣어 울리던 일, 아이의 교육 문제로 뒤에서 아내와 더불어 노심초사하던 옛 생각들이 떠오른다. 죄 없는 어린것은 왜 데리고 가서 고생시키느냐고 질책하던 많은 주변 분들의 우려에도 불구하고 아이는 얼마나 잘 자라 주었는가? 자녀 교육을 위해 대학 캠퍼스 내에 초등학교 중학교까지 생겨났고, 헌신된 교사 선생님들의 사랑 아래 세상이 알 수 없는 특별한 교육을 받았다. 세월이 흘러 남들이 다 부러워하는 중국

어를 구사할 정도가 되었고, 이제 다시 영어권으로 유학 갈 기회까지 열린 것이다.

오래 전 포항에서 직장 성경공부를 인도할 때, 회심한 어느 형제의 결혼식장에서 우리 성경공부 일원이 "하나님께서는 우리의 만남을 계획해 놓으셨네"로 시작되는 축가를 부른 일이 있다. 식장에는 나의 간절한 요청에도 불구하고 끝내 성경공부 모임에 들어오기 거절하던 형제도 참석해 앉아 있었다. 그를 바라보며 나는 "하나님, 언젠가 이 친구와 제가 함께 찬송을 부르게 해 주세요" 하는 기도를 중얼거렸다. 그 형제 부부를 지난여름 캐나다 코스타에 참가했다가 만났다. 캐나다로 이민 와서 어느새 교회를 열심히 섬기는 신실한 집사님 부부가 되어 있던 것이다. 그들과 오랜만에 교제하면서 섭리하시는 하나님, 준비하시는 하나님에 대해 얼마나 감사했는지 모른다. 가장 가까운 이웃으로 지내면서도 예수를 받아들이지 않아 우리 부부의 속을 안타깝게 했던 그들인데, 멀리 토론토에서 그 친구가 나가는 교회의 예배를 함께 드리게 되었으니 얼마나 기뻤으랴.

예배 도중 그 가정이 속한 구역 식구들과 함께 나가 헌금 특송을 하게 되었다. 노래를 시작하려고 악보를 펼쳤는데, 준비한 찬양이 바로 그때 그 노래임을 알았다. 순간 오래 전 그 결혼식 장면이 떠올랐다. 그리고 내 기도를 잊지 않고 치밀하게 계획하여 응답하시는 하나님, 그분의 계획과 섭리 가운데 내가 놓여 있다는 확신으로 전율하였다. 눈물이 핑 돌았다. 더욱 놀라운 것은 큰아들 다니엘이 들어갈 엠케이 센터(Missionary Kids Center)를 그 형제가 섬기는 교회가 맡아서 운영하고 있으며, 이 일에 그 형제가 깊이 간여하고 있다는 것을 알게 되었다. 이 모든 일들이 우리의 기도에 응답하시는 하나님이 친히 배려하신 것임을 깨달았다.

아이를 데리고 떠나기 전날 밤, 다섯 살짜리 막내 데이빗과 함께 누운 마지막 이부자리를 보듬으며 기도하고 돌아온 아내는 돌아누워 울음을 삼키고 있었다. 어느덧 우리도 아이를 떠나보내는 부모의 마음을 알게 된 것이다. 수많은 부모들이 오래 전에 이미 겪은 그 아픔이었다. 공항에서 다니엘은 새로운 세계로 떠난다는 설렘으로 상기되어 이별의 아쉬움도 별로 못 느끼는 듯했다. 아내는 애써 담담한 표정으로 우리를 배웅했다. 전날 밤, 아들 앞에서는 절대 눈물을 보이지 않겠다고 몇 번이고 다짐을 한 터였다. 오랜만에 아들과 더불어 시간을 함께 보내게 된 나는 비행기가 이륙할 때 그를 위해 축복하며, 서먹해하는 아들의 손을 꼭 잡아 주었다. 짙은 눈썹에 구레나룻까지 내려온 다니엘은 이미 다 자란 청년의 모습을 띠고 있었다.

내 다이어리에는 보스턴에서 교제하던 후배 부부로부터 얼마

전 우연히 전해 받은 옛 사진 한 장이 꽂혀 있었다. 그 사진을 꺼내 든다. 보스턴 근교 탱글우드의 야외 음악당에서 번스타인의 마지막 연주—그는 사흘 후에 심장마비로 사망했다—를 듣던 순간이다. 정말 잊을 수 없는 시절이다. 해맑은 천사의 눈빛을 한 어린 다니엘의 모습이 마치 금방이라도 나를 그 시절로 데려갈 듯 생생히 다가온다. 사진 속 나와 아내의 표정이 너무나도 젊고 생기발랄하게 느껴진다. 그러나 세월은 살같이 흘렀다. 아버지 사진첩 속의 어린 내가 어느새 아버지가 된 것처럼, 다니엘도 언젠가는 아버지가 되어 또 아이를 떠나보낼 날이 올 것이다. 내가 부모님께 이별의 아픔을 남기고 떠났던 것처럼, 세상의 모든 아이들은 부모에게 크고 작은 상처를 남기며 언젠가는 그 품을 떠난다.

■ ■ ■

연길에서 '아버지 학교'가 열린 적이 있다. 처음에 바쁘다고 핑계를 대던 나 역시 아내의 성화에 못 이겨 울며 겨자 먹기로 그 행사에 참석했다. 학교 일에 빠져 가정을 제대로 돌보지 않는 남편들을 아내들이 강제로 참석시키려는 분위기였고, 마침 교육 일정이 아내의 생일과 겹쳐 있었던지라 생일선물 대신 들어갔다 오라는 말에는 더 이상 거절할 수가 없었다. 3일간의 강도 높은 코스로 좋은 남편과 좋은 아빠가 되는 집중 훈련을 받았다. 그러나 그 기간 중에 내가 얻은 수확은 (아내에게는 조금 미안한 일이지만) 남편의 역할 회복보다는 오랫동안 잊고 있었던 내 아버지에 대한 기억을 되살린 것이었다.

아버지에게 편지를 쓰는 시간에, 아버지에 대한 지난 추억들을 반추하게 되었다. 오직 자식들 교육시킨 일 외에는 남긴 것이 없는 분, 지난 20세기 격동의 시대를 살았던 전형적인 한국 가장으로서 온갖 사회적 아픔을 극복한 경제발전의 주역이었으나 이제 무능력한 남편이요 아버지로 소외되어 쓸쓸히 남겨진 분, 그 아버지를 재발견하였다. 한편 나는 그 행사를 통해 대부분의 사람들이 가지고 있는 아버지의 추억이 얼마나 부정적이고 상처투성이인지 충격을 받았다. 앞에 나가서 간증했던 사람들의 아버지에 대한 쓰라린 기억과 비교해 볼 때 나의 아버지가 얼마나 평범하고 좋은 분이었는지 새삼 깨닫게 된 것이다.

지난여름 아버지와 단둘이 백두산을 걸어서 등반한 일이 있었다. 중국에 떨어져 사는 아들 가족이 연길에 있는 동안 꼭 백두산 천지를 보아야겠다고 벼르고 벼르신 끝에 마침내 오랜 꿈을 이루셨던 것이다. 뭉게구름이 피어오르는 하늘을 쳐다보며 변덕스런 백두산 날씨가 또 심술을 부릴까 봐 황급히 지프차를 타고 오른 첫날, 천문봉 정상에서 신비스런 천지를 내려다보는 아버지의 얼굴에는 마침내 소원을 이루었다는 기쁨과 만족감이 넘쳐흘렀다. 산장에서 하루를 보낸 다음 날 새벽, 일찍 일어나 어두움의 안개가 수면에 소복이 쌓인 소천지를 옆에 끼고 가파른 산길을 탔다. 무역협회와 석유공사에서 소박한 직장생활을 하셨던 아버지는 유달리 산을 좋아하셔서 오랫동안 산악회 회장을 지내셨다. 그 경력이 남아 있어 일흔다섯의 연세에도 불구하고 앞서서 침착하게 산길을 올라가셨다. 그리고 들릴 듯 말 듯 당신의 인생을 반추하듯이 오랜 기억에 파묻혔던 옛이야기들을 두런두런 들려주셨다. 나는 아버지가 밟고 지나간 그 길을 한 걸음 한 걸음 뒤따라가면서 그분의 이야기를 말없이 들었다. 그러나 아버지의 깡마르고 연약해 보이는 뒷모습을 바라보는 내 마음에는 왠지 모를 슬픔과 연민의 정이 밀려들었다. 어린 나를 목욕탕에 데려가 온몸의 때를 꼼꼼히 밀어 주시던 그 억센 힘은 이제 더 이상 찾아볼 수 없었다.

어쩌면 마지막이 될지도 모르는 당신과의 이 산행……. 백두산으로 떠나기 전날 밤, 나는 이번에는 아버지가 반드시 천지를 보실 수 있도록 날씨를 좋게 해 달라고 내가 싫어하는 유치한(?) 기도까지 했다. 불효한 장남으로서 아버지께 드릴 수 있는 유일한 선물처럼 느껴졌기 때문이다. 마음으로 의지하던 아들이 미국에서 예수쟁이가 되어 돌아온 후, 어느 날 갑자기 중국으로 떠나겠다고 선언하여 아버지를 놀라게 하고 섭섭하게 했다. 아들

며느리 손자들과 함께 지내고 싶은 노년의 그 마음에 항상 그리움과 아쉬움만 채워 드렸다.

멀리 산봉우리 사이에서 붉은 아침 해가 떠오르며 찬란한 눈부심이 산중턱의 어두움을 몰아내기 시작했다. 좁다랗던 산길이 갑자기 넓게 펼쳐지면서 '사운드 오브 뮤직'에 나오는 알프스의 산허리 같은 푸른 초장이 나타났다. 아버지를 모델 삼아 이리저리 카메라 각도를 잡아 가며 이름 모를 꽃송이에 파묻힌 아버지의 사진을 찍었다. 어쩐지 아버지의 모습을 한껏 남겨두고 싶었다. 연거푸 셔터를 눌러대는 내 마음을 모르는 아버지는 이제 그만 찍자고 손을 내저으셨다. 다시 계곡이 나타나고 천지에서 흘러내리는 작은 폭포들과 시냇물이 소리를 내며 흐르기 시작했다. 아버지는 그 계곡 물을 한 모금 마시고 세수를 하시더니 마침내 신발과 양말을 벗고 발을 담그셨다. 어이 시원하다, 어이 시원하다는 탄성을 연거푸 발하시던 아버지는 내게도 들어오라고 손짓을 하셨다. 얼음장 같은 계곡 물에 아버지와 나란히 발을 담그고 있던 나는 문득 아버지의 발을 씻겨 드리고 싶어졌다. 처음에는 어색해하며 사양하던 아버지도 내 마음을 아셨는지 가만히 맡겨 두고 계셨다. 어쩌면 내 생애 처음으로 그리고 마지막으로 씻겨 드리는 것이 될지도……. 고개 숙인 내 눈에 눈물이 고였다.

술과 친구를 좋아하셔서 평생을 그들과 더불어 사신 아버지는 내가 고등학교 다니던 무렵 폭음을 하고 들어오신 새벽녘에 위출혈로 욕실 한가득 피를 토하고 병원에 입원하셨다. 황급히 아들의 이름을 불러 도움을 청하셨던 아버지는 식구들을 놀라게 한 것이 미안해서 어쩔 줄 몰라 하셨다. 호인이면서도 융통성이 없고 산처럼 고집스러워 고지식하다 말을 듣던 분, 그러나 자식들에게는 항상 자상하고 사랑 많은 분이셨다. 사랑하는 아들이 미국에서 예수쟁이가 되어 돌아온 후, 평생 걸음하신 일 없던 교회를 "내가 직장에서 은퇴하면 나가마" 하고 약속하고 마침내 그 약속을 지키신 분이다. 한번 나가기 시작한 후에는 고집스럽게 주일 성수를 하시며 신앙이 조금씩 성장하다가 세례도 받고 집사 직분도 받으셨다. 그러던 어느 설날 아침, 아직 믿지 않는 동생 가족들과 함께 모인 자리에서 "이제부터 우리 집안에는 제사가 없다. 그러니 너희는 우리가 죽은 후라도 제사 지낼 생각을 마라" 하고 엄숙히 선언하셨던 분, 그리고 어머니와 더불어 자신의 시신과 장기를 대학병원에 기증한다고 서약해 버리신 분, 그 아버지를 나는 사랑한다.

백두산에서 아버지는 정말 오랜만에 활짝 웃고 계셨다.

■ ■ ■

자식은 곧 구원이다. 아담이 첫 아들을 낳고 나서 카인이라 이름 짓고 기뻐 소리쳤던 그 환희의 음성이 아직도 곳곳에서 들린다.

"보소서. 그가 여기 있나이다."

해산의 고통도 천사 같은 아이를 보는 순간 그 환희의 햇살에 이슬처럼 사라져 버렸다. 여자의 후손(the Seed of woman)에 대한 구원의 소망이 들어온 이후로 얼마나 많은 아담과 하와가 그 아들 카인에게 반하여 소리치며 그를 어여삐 사랑했을까? 그러나 자라면서 부모의 기대와는 전혀 다르게 빗나가기 시작하는 아들을 바라보며 얼마나 많은 부모들이 눈물과 한숨의 세월을 살았을까? 카인은 부모에게 씻을 수 없는 상처를 남기고 에덴의 동쪽으로 떠난다.

첫 아들 다니엘을 낳고 너무 기뻐서 걸어가면서도 마치 발이 공중에 두둥실 떠다니는 기분을 맛보았다. 그러나 그 기쁨도 잠시, 나는 내 안에 있는 죄와 욕심을 따라 아버지로서의 책임을 멀리하고 그 아이를 유기(?)하기 시작했다. 술에 취해 밤늦게 들어와서는 잠든 아기를 멋대로 안아 들고 울리는가 하면, 하루 종일 아이를 안은 채 방 안에서 담배를 피워 대는 그런 아버지였다. 아이에 대한 나의 사랑은 그저 내 만족을 위해 소유물을 향한 이기적 사랑이었다. 그러다가 마침내 부부가 함께 공부를 하겠다고 돌이 갓 지난 아이를 할머니께 맡기고 훌쩍 미국으로 떠나 버렸다. 어린 다니엘이 아침이면 우리와 함께 자던 방으로 기어 들어가 하루 종일 멍하니 천장만 올려다보고 있다는 어머니의 전화에 아내가 얼마나 눈물을 흘렸는지……. 그 일이 어린 아들에게 얼마나 큰 상처를 안겨 주었는지, 그때 우리는 철이 없어 몰랐다. 만일 내가 예수 안에서 아버지의 형상을 회복하는 복을 누리지 못했다면 아들에 대한 나의 횡포는 세월이 지나며 그 강도를 더해 갔을 것이다.

세상에 있는 어떤 아버지와 아들도 완전하지 못하다. 그들은 자의로 혹은 타의로 어떤 모양이든 상처를 주고받으며 죄 많고 한 많은 인생을 살아간다. 우리는 죄로 잉태되어 태어날 때부터 불순종의 씨앗을 안고 있기 때문이다. 세월이 악하여 아들이 아버지를 죽이고 아버지가 아들을 죽여 유기하는 패역의 시대까지 되었다. 그러나 가장 큰 고통은 사랑하는 아버지와 아들이 서로의 죽음을 맛보는 것이다. 예로부터 아버지가 돌아가시는 것을 천붕(天崩)이라 했다. 하늘이 무너지는 슬픔이라는 뜻이다. 그러나 그보다 더 큰 아픔이 있다면 사랑하는 자식을 먼저 천국으로 앞세우는 것일 것이다. 그것은 바로 자신의 존재 소멸에 대한 체험이기 때문이다. 유달리 내 주변에는 자식이 먼저 세상을 떠난 아픔으로 고통당한 이웃이 많다. 다니엘의 어린 시절 단짝 상재도 뇌종양으로 먼저 하늘나라로 갔다. 머리에 둥근 링을 나사로 고정하고 수술실로 들어가는 그 아이의 모습은 가시 면류관을 쓰고 골고다 십자가로 올라가는 예수의 모습 바로 그것이었다. 옆에서 보는 우리의 마음이 그토록 쓰라렸는데, 정작 그 부모의 마음은 얼마나 찢어졌을까.

이제 여기 아버지와 아들 관계의 완전한 치유와 회복을 위한 유일한 구원의 길이 있다. 하나님께서는 자신의 사랑하는 아들이 죄 없이 십자가에 달려 죽는 그 큰 고통을 직접 맛보심으로 죄 많은 우리 인생들을 구원하시기로 작정하셨다. 그 완전한 죽음 안에서 우리들의 작은 죽음과 고통들은 모두 용해되어 버린다. 오직 순종의 길로 아버지께 나아갔던 그 한 아들, 예수가 우리를 위해 흘린 피로 이제 그 모든 상처들을 아물게 하신 것이다. 그 피가 배반과 폭력과 유기와 이별과 죽음의 고통 가운데 신음하는 모든 아버지와 아들 사이에 흐르게 하라. 저들의 사랑이 회복되어 구원의 기쁨으로 서로를 마음껏 포옹할 수 있도록.

토론토로 향하는 비행기 안에서 아버지와 아들은 줄곧 예수와 함께 있었다.

여덟 번째 이야기 **양심**

선악과와 무감독 시험,
　　　그 원죄의 현장

양심

도킨스가 말했다.

양심은 종족 보존을 위해
유전자가 발현하는 생존 양식의 일종이야.
그것은 지극히 이기적인 유전자의 행동일 뿐이지.

에잇 이 양심도 없는 놈!
네놈은 종족 보존 유전자도 없냐?
씨가 말라붙을 놈 같으니.

그리고, 마침내, 점차,
양심이 있는 종족만이 자꾸 늘어났다.
양심이 없는 종족은 자연 도태되었다.

세상은 갈수록 양심적인 사회가 되었다.
사기꾼 도둑 거짓말쟁이 파렴치범 양심범
이런 단어들은 백과사전에서 사라졌다.
이기적인 양심 유전자가 이루어낸 지상낙원
그것은 완벽한 진화론의 승리였다.

그리고 모든 학교에서는 무감독 시험을 치르게 되었다.
이기적인 유전자는 자신의 생존을 위해
시험시간 내내 활발히 움직였다.
사람들은 그것을 가리켜 양심이라고 했다.

선악과와 무감독 시험, 그 원죄의 현장

학생들의 닫힌 마음의 토양을 준비하기 위한 밭갈이 과목으로
과학사를 가르친다. 이 과목은 서양 문명에 관해 상식이 부족한
중국 학생들을 일깨우고 더러는 충격을 준다. "아담에게 배꼽이
있었겠는가?"라는 첫 리포트에 아이들은 당황하기 시작한다. 도
무지 아담이라는 이름을 처음 들어보는 학생들이 태반이다. 헬
레니즘과 헤브라이즘의 문화 비교, 로마 제국의 흥망과 기독교
의 전파, 중세 스콜라 철학, 르네상스와 종교개혁, 과학혁명 그
리고 진화론에 이르기까지 가르쳐 나간다. 그러다 보면 학기 초
굳게 닫혀 있던 학생들의 마음과 생각이 열리면서 서서히 흔들
리기 시작하고, 나중에는 심각한 혼란에 빠져들기까지 한다. 20
여 년간 자신들이 지녀 왔던 세계관이 허물어져 내리는 아픔 속
에서 어떤 학생들은 리포트 빼곡히 자신의 하소연을 적어서 내
기도 한다. 더러는 "요즘 잠을 이룰 수 없습니다. 도대체 무엇이
진리입니까?" 하는 절규가 담긴 글도 있다.

그러나 과학사 과목의 백미(白眉)는 역시 두 차례 치러지는 무

감독 시험이다. 무감독 시험은 학생들에게 양심을 일깨우고 정직한 마음을 심어 주기 위해 실시하는 가장 좋은 훈련이다. 진화론 교육에 철저히 물들어 있는 사회주의 학생들은 대체로 양심이 무뎌져 있어 죄의식에 둔감한 편이다. 더욱이 거세게 몰려드는 물질주의에 노출되어 있는 가난한 학생들이 장학금과 직결되어 있는 시험에서 자신의 양심을 지키는 것은 좀처럼 쉬운 일이 아니다. 시험에서 부정행위를 하고도 들키지만 않으면 가책을 느끼지 않는다. 예수를 믿는다는 학생들 중에도 그런 모습이 종종 나타난다.

무감독 시험을 치르기 위해서는 철저한 사전 준비와 계획이 필요하다. 물론 세밀한 기도가 선행되어야 한다. 무감독 시험에 대한 경험과 이해가 전혀 없는 학생들에게 몇 주 전부터 정직성에 대한 교육을 실시한다. 감독이 있어도 어떻게든 커닝을 하려는 학생들에게 무감독 시험이라는 말은 너무나 생소할 따름이다. 학생들에게 정직의 중요성에 관한 예화를 들려주고, 더러는 정직 서약까지 받은 후 시험을 치른다. 그러나 끝까지 양심을 지켜내는 학생들은 해마다 삼분의 일에 불과하다. 다른 삼분의 일은 양심을 지키려고 싸우다가 마지막에 무너지는 학생들이고, 나머지 삼분의 일은 물을 만난 듯 처음부터 작심하고 베껴 내는 학생들이다. 촘촘히 앉은 계단강의실에서 손만 뻗으면 잡히는 교과서와 강의 노트, 그리고 눈만 돌려도 보이는 옆 사람의 답안지를 외면하고, 더구나 다른 학생들의 부정행위 장면을 목격하면서 자신의 양심을 지켜내는 일은 한바탕 전쟁을 치르는 일보다 어렵다. 바로 그들이 이제 나아가 싸워야 할 세상 속 영적 육적 전투의 축소판이라고 할 수 있다. 돌을 떡으로 바꾸라는 속삭임이 확성기처럼 시험 시간 내내 그들을 괴롭히는 것이다.

학생들이 제출한 답안지를 가지고 와서 채점하는 동안 그들의 병든 양심과 인격을 대면하며 사투를 벌인다. 보통 100여 명의 수강생이 두세 장에 가득 채워 제출한 논술형 답안지를 읽으려면 일주일은 족히 걸리게 마련이다. 그러나 그 답안지는 그들이 살아온 병든 환경과 영적 상태뿐 아니라 앞으로 치유의 가능성까지 모두 담고 있는 병리 기록이기에 어느 한 장도 소홀히 다룰 수 없다. 특별히 무감독 시험의 성공 여부와 자신의 소감을 적으라는 마지막 문제의 답안에는 그들이 시험 시간에 겪었던 심각한 영적 전쟁의 상처들이 그대로 드러나게 된다. 특별히 감동과 충격을 주는 눈에 띠는 답안지들은 골라 놓았다가 그 다음 시간에 들고 들어가서 학생들에게 읽어 준다. 내가 읽다가도 목이 멜 만큼 적나라한 자기 고백과 회개의 글들이 튀어나온다.

그 시간, 학생들은 심리적인 충격을 받고 마음의 문을 열기 시작한다. 그리고 옛날이야기 식으로 각색한 '두 아들 이야기', 즉 돌아온 탕자 이야기를 해 주면, 강퍅했던 아이들의 마음까지 대부분 허물어져 내린다. 양심을 지켰다고 자부하며 스스로 교만해져 있던 학생들조차 함께 감동을 받는다. 그리고 시험지를 나누어 주고 자신의 답안지를 스스로 양심 채점하여 점수를 정정토록 한다. 이때가 되면 대다수의 학생들은 일시적이나마 자신의 양심을 회복하게 된다. 물론 그들의 인생 속에서 또다시 실족할 가능성은 얼마든지 있다. 그러나 양심 회복에 대한 이 충격적인 체험은 영원히 잊지 못할 것이다. 비로소 자기 안에 감추어져 있던 죄의 본질을 깨닫게 되는 것이다. 죄에 대한 자각을 이끌어 내는 것, 이것이 무감독 시험에서 얻는 가장 큰 수확이다.

회개하고 돌아온 학생들에게는 양심을 되찾은 자유함으로 기쁨이 넘쳐흐른다. 그러나 그 가운데에도 끝까지 양심을 속이며 자신의 불의한 이익을 챙기려는 학생들이 일부 남아 있다. 그들에게 화가 나고 안타까움이 끓어오르지만 그냥 내버려 둔다. 그들은 이미 자신이 선택한 길에서 심판을 받고 벌을 받고 있기 때문이다.

■ ■ ■

어째서 하나님은 인간에게 선악과의 시험을 주셨을까? 전능하신 하나님이라면 아담과 하와가 선악과를 따먹으리란 것을 다 알고 계셨을 텐데, 왜 그런 시험을 통해 문제를 어렵게 만들었는가? 선악과를 먹기 전에는 사람은 선과 악도 분별할 줄 모르는 무지한 상태에 있었는가? 선악과란 도대체 어떤 종류의 과일인가? 사과인가, 복숭아인가, 아니면 눈을 밝혀 주는 신비한 묘약인가?

창세기 공부를 시작하자마자 넘어야 하는 첫 고개는 두말할 것도 없이 선악과의 준령이다. 말씀에 반감을 가지고 있는 사람은 물론이거니와 어느 정도 신앙을 가진 사람들조차도 선악과 문제만 나오면 쉽게 답변하기 힘든 여러 가지 질문들을 퍼붓곤 한다.

무감독 시험을 치를 때마다, 선악과는 하나님이 인간에게 베푸신 일종의 무감독 시험이었다는 것을 깨닫게 된다. 물론 선악과 시험은 하나님께서 우리 인간에게 유익을 주기 위한 테스트(test)이지 아담과 하와를 걸려 넘어지게 하기 위해 일부러 쳐놓은 덫으로서의 시험(temptation)이 아니다. 좋은 선생이라면 학생들을 위하는 마음으로 시험문제를 내는 것이 당연한 것과 마찬가지다. "보시기에 좋았더라"라고 표현된 가장 아름답고 완벽했던 환경, 그 에덴동산 중앙에 놓여 있던 한 그루의 나무 선악과, 금단의 열매, 그것의 의미는 무엇인가?

"동산 각종 나무의 실과는 네가 임의로 먹되 선악을 알게 하는 나무의 실과는 먹지 말라 네가 먹는 날에는 정녕 죽으리라"(창 2:16-17).

에덴동산을 지구상에 실존하였던 그 어떤 곳으로 보든지, 아니면 피안(彼岸)의 세계를 그리기 위한 또 하나의 가상공간으로 보든지, 아무튼 좋다.[1] 역사의 시작이 그와 같이 아름다운 모습이었다고 가정해 보자. 에덴동산에는 온통 순금과 같은 보석으로 가득 차 있었다는데, 이것은 에덴의 아름다움을 표현하기 위한 은유임에 분명하다. 그만큼 완벽하게 아름다운 곳이었다는 뜻이다. 그 속에서 완전한 모습으로 창조된 두 남녀가 펼치는 아름다운 사랑 이야기가 있다. 역사가 그렇게만 될 수 있었다면, 설사 에덴 이야기가 후세 사람들에 의해 만들어진 간절한 바람일지라도 말이다. 아무튼 그 가상공간으로 한번 들어가 보자.

가장 살기 좋게 설계된 자연환경 속에서 벌거벗고도 부끄러움을 몰랐던 최초의 인간, 아담과 하와가 있었다. 왜 그들은 벌거벗고도 부끄럽지 않았을까? 아니, 왜 인간은 벌거벗으면 부끄러워하는 것일까? 왜 인간만이 옷을 입고 살아가는 존재일까? 모두 비슷한 질문이다.

부끄러움은 존재의 불완전성을 나타내는 한 단면이다. 그러하기에 옷은 도덕적으로 격하된 존재의 열등의식을 가리고자 하는 도덕적 표현이다. 반대로 에덴동산의 아담과 하와의 벌거벗음은 두 사람의 완전한 관계성을 나타내고 있다. 그들에게는 가려야 할 만한 그 무엇도 존재하지 않았던 것이다. 그들은 서로를 투명하게 들여다보며 살아가는 존재였다. 결국 에덴동산에서의 아담과 하와는 도덕적으로 완전성을 유지하고 있었다는 말이다. 그렇다면 도덕적 완전성이란 도대체 무슨 의미인가?

그들이 살고 있던 동산 중앙에는 특별한 나무 한 그루가 있었다. 동산의 모든 실과는 마음대로 따먹을 수 있었지만, 유독 그 나무의 열매만은 금지되어 있었다. 이름 하여, '선악을 알게 하는 나무'(the tree of knowledge of good and evil), 선악과(善惡果)였다. 선악과 이야기만큼, 성경을 믿는 자들에게나 혹은 믿지 않는 자들에게 회자되며 제각기 해석되고 더러는 공격을 당해 온 이야기도 드물 것이다. 많은 문학작품의 소재가 되기도 하였고, 철학자들과 신학자들에게 인간의 본질을 논하기 위한 학문적 주제로서 일련의 통찰을 제공하기도 하였다. 분명 선악과 이야기는 인간이 지닌 선과 악의 양면성을 설명하기 위한 중요한 은유임에 틀림없다.

인간이 지닌 선한 속성은 타인의 생명을 구하기 위해 자기 목숨을 던지기도 한다. 그러나 인간이 악해지기 시작하면 오히려 금수도 행하지 않는 마귀적 행동이 나오기도 한다. 깡패 집단이 동료를 죽인 후 토막을 내고 그의 내장을 파서 나누어 먹은 후 매장했다는 엽기적 뉴스를 접했을 때 인간의 악함에 새삼 놀라지 않은 사람도 드물 것이다. 그뿐인가? 지난 세기를 붉게 물들였던 수많은 전쟁과 수용소 군도에서 벌어졌던 그 참혹한 역사의 다큐멘터리를 우리는 물증으로 가지고 있다. 마약과 매춘이

행해지는 사회의 어두운 뒷골목에서 매일 밤 벌어지고 있는 차마 눈뜨고 볼 수 없는 행위들은 어떠한가? 그런데 아담과 하와는 그렇지 않았단 말인가? 그들은 한 점 부끄러운 얼룩도 없이 완전한 존재로 남아 있었단 말인가? 그렇다면 도덕적 완전성, 그것의 기준은 무엇인가?

2차 대전 당시 나치 독일에 항거하여 비교적 부끄러움 없는 삶을 살다가 옥사(獄死)한 독일의 신학자 본회퍼는 그의 중요한 저서 《윤리학》에서 완전한 도덕의 기준을 가장 간단명료하게 제시하고 있다. 불완전한 인간에 의해 제시되는 어떤 기준도 완전성에 이를 수 없기에, 도덕의 기준은 완전한 신에 의해서만 제시될 수 있다는 것이다. 무슨 말인가? 완전한 신이 존재한다면, 바로 그 신이 원하는 것이 선이요 원치 않는 것이 악이라는 것이다. 인간에게는 신이 원하는 것을 행하는 것이 곧 선이요, 신이 원하지 않는 것을 행하는 것이 곧 악이라는 것이다.

선악과, 그것은 신의 뜻을 알리고 인간의 반응을 기다리는 시금석이었다. 선악과가 상큼한 사과였는지 신 포도였는지는 중요하지 않다. 그것이 특별한 성분을 지닌 과일이어서, 먹는 순간 신기한 반응이 일어나 선악에 대해 무지했던 아담과 하와의 눈을 일깨워 선과 악을 알게 한 것은 더욱 아니다.

완전한 신은 그의 형상(the image of God)대로 지음 받은 인간이 도덕적으로 완전하기를 바랐다. 그래서 인간이 신의 뜻대로 살아가는 존재가 되기를 원하여 선악과의 화두(話頭)를 던진 것이다. 창조주 하나님의 명령에 순종하여 살아가는 것이 피조물인 인간의 도덕적 완전성을 지키는 길임을 알려 주는 것, 그것이 하나님의 뜻이었다.

도덕적으로 완전한 존재로 지음 받은 인간, 여기에는 적어도 두 가지 함의(含意)가 들어 있다. 첫째, 그는 신과의 완전한 관계성을 유지하고 있어야 한다. 둘째, 그 관계성을 유지하기 위한 선택에서 자유로워야 한다. 선택의 자유가 없는 존재는 도덕적으로 아무런 책임이 없다. 도덕적인 존재가 될 수 없다는 말이다. 책임(responsibility)이라는 단어 자체가 도덕적 요구에 어떻게 반응(response)하는가 하는 능력(ability)을 나타내는 말이다. 아담과 하와가 도덕적 존재였다는 것은, 그들에게 신의 도덕적 요구 조건을 지킬 수도 혹은 어길 수도 있는, 즉 선악과를 따먹을 수도 혹은 따먹지 않을 수도 있는 완전한 자유가 주어졌다는 의미이다.

그러나 신의 뜻은 그들이 선악과를 따먹지 않는 것이었다. 왜? 그들이 도덕적 완전성을 지니고 살아가기를 바랐기 때문이다. 즉, 신의 뜻에 순종하는 삶을 살아가는 것이 그들의 완전한 도덕을 유지하는 길이라는 것을 알고 있었기 때문이었다. 그것은 곧 인생의 주인이 내가 아니라 하나님이심을 인정하는 선택이었다. 선악과는 그 자체가 아담과 하와에게는 선과 악의 갈림길을 알려 주는 이정표였다. 그 갈림길에서 그들은 불순종의 길을 택했다. 하나님이 원하는 길보다는 자신의 길, 인간의 길, 악마가 유혹하는 길, 결국은 죽음의 길을 택했던 것이다.

■ ■ ■

무감독 시험, 내 인생의 첫 양심 측정, 감동과 뼈저림……. 교수님 뭐라 할까요, 느낌이 너무너무 복잡합니다. 내가 무감독 시험에서 양심을 지켜 냈다는 뿌듯함과 동시에 성적에 대한 실망감. 사실 시험을 치를 때는 많이 갈등했지만 지금은 아닙니다. 무감독 시험은 너무 새로운 느낌을 주었습니다. 이 시험에서 나는 만족한 성적을 거두지는 못했지만 나 자신에 대해 신심이 생겼습니다. 예전에는, 단순한 학교생활을 하다가 복잡한 사회에 들어가면 내가 어떻게 적응하고 자신을 지켜갈 수 있을지 많이 근심했는데, 지금은 아닙니다. 이번 시험을 통하여 나 자신에 대해 알게 되었고 신심이 생겼습니다. 행복은 성적순이 아니라는 것과 하늘을 우러러 부끄러움이 없는 그 마음속으로부터 나오는 뿌듯함, 이것이 내 평생의 재산이 될 것 같습니다. 이제 세상 어디를 가도 두렵지 않습니다, 난 정직한 사람이라고 떳떳하게 외칠 수 있기에. 교수님, 너무너무 고맙습니다. 교수님의 제자가 될 수 있어서 너무 감사합니다.(L학생)

전번 시험 때에는 여러 가지 고려가 많았습니다. 보고 쓰려니 마음이 내키지 않고, 보지 않고 쓰려니 밑지는 것 같고, 결국에는 내 양심을 버리고 커닝을 하였습니다. 훌륭한 21세기의 리더를 키우는 우리 대학의 과학사 중간고사에 커닝을 하였습니다. 리더가 갖추어야 할 양심과 정직성은 나의 손과 눈에 의하여 여지없이 짓밟혔습니다. 커닝을 하면서 전혀 마음이 편치 않았습니다. 머릿속은 끊임없는 내부 전쟁을 하였고, 시험지에 꽉 차게 적어 놓은 답안을 바라보는 내 마음은 전혀 기쁘지 않았습니다. 지난 일주일을 힘들게 보냈습니다. 그리고 오늘 너무도 민망하여 교수님의 얼굴을 도무지 쳐다볼 수 없었습니다. 교수님께서 읽으신 동학들의 글은 채찍이 되어 나의 마음을 후려쳤습니다. 숨을 쉬고 있는 것마저도 나에게는 그렇게 큰 부담일 수가 없었습니다. 그러다가 양심적으로 다시 채점하라는 말에 나는 내 인생의 1949년이 온 것만 같았습니다. 해방된 기분이었습니다. 성실하게 채점해 보니 49점이었습니다. 무려 23점이나 감점되었지만, 나의 정직을 찾았다는 기쁨이 더 컸습니다. 동학들의 뉘우침과 성실한 고백을 듣고, 그렇게 열심히 양심 채점을 하는 동학들을 보면서 이번 무감독 시험이 성공적이라는 생각이 들더군요. 잃었던 양심을 되찾고 정직의 중요성을 너무도 뼈저리게 느끼게 되었으니까요. 연변과기대의 신입생으로서 기둥이 되어야 할 내가 우리 대학의 취지, 정직을 잃을 뻔한 가슴 아픈 교훈, 영원히 잊지 않을 것입니다. 이제는 나의 성적을 위하여 양심을 버리는 일은 전혀 없을 것입니다. 양심을 되찾도록 이끌어 주신 교수님, 정말로 감사합니다. 하늘을 우러러 한 점 부끄럼 없기를…….(H학생)

시험을 치를 때, 많은 학생들이 좌우에서 소곤대는 소리와 책장 넘기는 소리가 들려왔다. 그걸 아니꼽게 생각하고, 아직 어려서 그렇겠지 하고 생각했다. 내가 앉은 자리는 앞에서 두 번째였고, 그 앞자리는 시험지를 제출하는 자리였다. 어떤 학생이 먼저 답안지를 놓고 나가자 옆자리에 앉은 학생이 천천히 일어나 그 답안지를 가져다가 보려고 했다. 참 민망하고 불쾌하여 그 애를 지적하고 말렸다. 내가 마음 아팠던 것은 부정행위를 하는 그 친구들보다도 이미 제출한 시험지를 가져다 봐도 용납될 수 있다고 생각하는 주위 환경 때문이었다. 어지러운 세상 환경을 보는 것 같았다. 다음 시간은 시험문제를 다시 정리하는 시간이었다. 특별히 무감독 시험에 동의하는가 하는 문제를 놓고 교수님은 많은 학생들의 생각을 읽어 주셨다. 반대하는, 또는 찬성하는 여러 친구들의 시험지에 남겨진 마음들을 읽으면서 나에게 새로운 감동이 왔다. 다만 부정행위를 하는 애들이 틀렸다고만 생각하고 있었던 나에게 그들의 내면세계를 들여다볼 수 있는 기회였다. 안간힘을 쓰며 죄와 싸우려는 선한 마음들, 하지만 마지막에 대부분 넘어지는 모습들, 넘어지면서도 정직을 향해 외치는 모습들, 너무나 가슴이 뭉클했다. 내 마음과 눈에서 눈물이 나고 있었다. 그런데 나는 그들의 마음을 몰라주고 있었다. 그저 틀리다고 원망했지 그들을 이해하지 못했던 것 같다. 그들과 함께 부둥켜안고 울고 싶다. 아픈 마음을 찾아서 위로하고 어루만지고 선한 마음을 찾아서 같이 나서고 싶다. 교수님은 집 떠난 탕자와 남아 있던 큰아들 이야기를 했다. 다시 돌아온 탕자의 모습이 너무나 아름답다. 나도 돌아온 탕자였다. 그러나 어느새 큰아들의 모습으로 변해 있었다. 이제 그 마음이 깨끗이 없어지기를 바란다. 항상 회개한 탕자의 마음으로 살고 싶다. 교수님께서 학생들의 마음을 읽어 주시는 동안 나는 친구들의 선한 마음들과 만났다. 혹시 내 옆에, 내 뒤에 그런 친구가 있을까 하여 둘러보았다. 그들의 얼굴에는 그런 기색이 보이지 않는다. 너무나 어두운 세상에 가려서 그저 무관심하고 삐치고 생각 없는 얼굴들이다.

그러나 그 속에 선한 마음들이 감추어져 있을 것이다. 이번 무감독 시험은 성공했다. 한 사람이라도 선한 양심으로 돌아 왔다면 성공이라고 생각한다. 정직히 이 시험을 치러 낸 친구들한테 격려의 박수를 보내 주고 싶다. (B학생)

---

1) 이 단락은 필자의 《예수는 평신도였다》에 실린 글로서, 책의 주제와 흐름에 맞추어 필요한 부분이라 생각되어 재인용하였다.

아홉 번째 이야기 **환경**

윗물이 맑아져야
아랫물도 맑아진다

환경

아주 어렸을 때
선생님은 우리에게 가정환경 조사를 했다.
아버지의 직업이 무어냐?
근데요, 울 아버지는요, 저, 환경미화원이셔요.
나도 방과 후에 남아서 환경미화를 했다.

하루 종일 환경미화를 하고 돌아온 아버지,
아버지한테는 늘 쓰레기 냄새가 난다.
쓰레기 냄새는 우리 아버지 냄새다.
나는 주름진 아버지의 그 냄새가 싫었다.
아버지는 그 냄새를 지우려고 담배를 태우셨다.

세상에는 왜 그렇게 쓰레기가 많을까?
울 아버지가 치워도 치워도 자꾸만 나오니…….
나는 찌그러진 흑백텔레비전 앞에
우두커니 앉아서 생각했다.
텔레비전에서 전쟁 뉴스를 하고 있다.
이라크에서도 지구 환경보호 캠페인을 한다.

나는 쓰레기통을 들고 밖으로 나간다.

쓰레기 한 점 없는 파란 하늘이다.

오늘은 공습이 없을라나?

어머니는 동생을 등에 업고 부엌에서 시래기 국을 끓이신다.

참 좋은 냄새다.

윗물이 맑아져야 아랫물도 맑아진다

"두마안강 푸른 물에 노 젓는 뱃~사~공."

돌아가신 김정구 선생의 구성진 이 노래를 지난 반세기 줄기차게 부르며 술타령을 하던 한국 사람들. 그들이 중국 연길을 방문하면 손쉽게 찾는 곳이 가까운 도문시다. 두만강과 북한을 넘겨다보기 가장 쉬운 곳이기 때문이다. 그러나 그들이 두만강을 처음 보고 느끼는 감정에는 약간의 짜증과 실망감이 섞이게 마련이다. 민족 분단 아픔의 현장을 미처 느끼기도 전에, 관광객들의 호주머니를 노리며 호객행위를 하는 조선족 아줌마들이 달라붙는다. 더러는 자칭 북에서 건너왔다는 탈북자들이 구걸을 하기도 한다. 카메라로 사진을 찍으려 하면 장소비를 내라며 가로막는 어이없는 텃세에 기분을 잡치기도 한다. 그 같은 난관을 뿌리치고 두만강가에 서서 건너갈 수 없는 산하를 바라본다. 눈길에 처음 잡히는 것은 북한의 민둥산에 새겨진 '속도전'이라는 선전문구다. 그 사이를 가로질러 흐르는 샛강이 바로 말로만 듣고 노래만 부르던 두만강이다. 그러나 그 강은 결코 우리가 머릿

속에서 상상하던 푸른 물이 넘실대는 '아름답고 푸른 도나우 강(?)'이 아니다. 실망스러우리만큼 협소하고, 그나마 오염되어 온갖 오물이 함께 떠가는 더러운 탁류 한 줄기가 역사의 어두운 자락을 힘없이 흘려보내고 있을 뿐이다.

두만강과 압록강의 물 근원이 백두산 천지에서 갈라져 내려온다는 것은 누구나 다 알고 있는 사실이다. 상류로 거슬러 올라가면 산천어가 서식할 만큼 강물은 맑아진다. 평상시에도 숭선이라 불리는 두만강 상류 지역의 마을로 들어서면 오묘한 산세와 맑은 강물이 굽이굽이 부딪혀 만나며 한 폭의 산수화와 같은 절경을 이루고 있다. 더욱이 가을철에 오색 단풍마저 들게 되면 "아, 이곳이 바로 금수강산 우리 땅이었구나!" 하는 탄식이 절로 나오리만큼 아름다운 곳이다. 장백산을 뒤로 돌아 압록강 쪽으로 넘어가면 북한의 혜산시와 마주하고 있는 중국의 변경 마을이 있다. 조선족 자치현인 장백현이다. 그곳에서 맑은 압록강 줄기를 타고 올라가는 길 역시 10월 단풍은 미국 메인(Main) 주의 가을을 떠올리듯 절경을 이룬다. 더욱이 두만강 쪽에서 볼 수 없는 대 협곡이 압록강 건너 북한 쪽에 나타나 그랜드캐니언을 연상케 한다. 어느 모로 올라가 보아도 백두산에서 내려오는 계곡의 물은 태고의 순수를 머금은 듯 맑고 차갑기가 이를 데 없다. 그런데 어떻게 이 물이 하류에서는 저렇듯 부패하고 썩은 물로 변할 수 있었을까?

연길에서 승용차로 세 시간쯤 가면, 두만강을 사이에 두고 내려다보이는 북한의 접경 도시 무산이 있다. 무산시는 자철광 마그네타이트가 13억 톤 가량이나 매장되어 있는 아시아 최대의 철광 도시이다. 중국 측 언덕바지에서 내려다보면 시가지가 한눈에 들어올 만큼 가까이 있다. 도시 전체가 온통 노천의 철광석을 캐내는 공장으로 이루어져 있어서 첫 인상이 검게 느껴지는 곳이다. 처음 그곳을 방문했을 때, 따개비처럼 다닥다닥 붙어 있는 낡고 허름한 단층집들마다 가느다란 굴뚝에서 하얀 연기를 내뿜으며 밥을 짓는 모습이 너무나 인상 깊었다. 그 속에서 살고 있을 가난하지만 정겨운 가족들의 모습이 떠오르기도 했다.

몇 년 전, 북한이 한창 기아에 허덕이던 무렵, 또다시 강을 따라 올라가던 나는 두만강 물이 예전과 다르게 갑자기 맑아진 것을 발견하였다. 전에 보던 거무죽죽한 물이 아니라 맑은 물이 흐르고 있었던 것이다. 웬일일까 의아해하며 강변을 달려가던 나는 마침내 그 이유를 알게 되었다. 무산시가 움직이고 있을 때에는 공장에서 내보내는 시커먼 폐수가 두만강으로 유입되어 강 하류를 온통 오염시키는 근원이 되었다. 그런데 그 해에는 극심한 기아 상황에서 공장을 움직일 전기마저 끊기고, 일할 사람들이 먹을 것을 찾아 공장의 부품들을 뜯어 식량으로 바꾸어 먹는 사태가 발생하였다. 공장은 가동을 멈추었고, 온 도시가 죽어 버리고 말았다. 그나마 살아 있는 증거로 보이던 굴뚝 연기마저 보이지 않았다. 죽은 도시에서 오히려 맑은 물이 흐르고 있었다. 사람이 멈추어 서자 강물은 제 모습을 되찾았다. 굶주림에 죽어 가는 북한 주민들을 생각하며 울어야 할지, 맑아진 두만강 물을 바라보며 웃어야 할지, 죄에 깊이 물든 인간들이 만들어 낸 한 폭의 희화적인 코미디처럼 느껴졌다.

그때 깨닫게 된 단순한 사실이 있다. 창조주의 손길이 닿아 있는 곳, 그 아름다운 상류에서 내려오던 맑은 물이 중간 지점 무산에서 시커먼 폐수를 방출하자 하류는 몽땅 탁류로 바뀌고 말았다. 하류의 물을 다시 맑게 하려면 폐수를 방출하는 상류의 물 근원을 새롭게 하는 방법밖에는 없다. 폐수가 사라지면 물은 맑아진다. 아랫물을 맑히기 위해서는 윗물을 변화시켜야 한다.

■ ■ ■

1966년, 린 화이트(Lynn White Jr.)는 '우리의 생태적 위기의 역사적 근원'(The Historical Root of Our Ecological Crisis)이라는 논문을 발표하여 학계에 큰 논쟁을 불러일으키며 유명세를 탔다. 그는 지구 환경 파괴의 주범으로 자연을 마음대로 착취한 서구 문명의 책임을 논하면서, 그 사상적 배경에는 기독교가 큰 역할을 담당하였다고 주장했다. 창세기 1장 28절의 문화 명령을 근거로 한 성서적 자연관이 자연을 지배하고 정복하는 과정에서 무분별한 환경 훼손을 가져왔다는 것이다. 이 논쟁을 계기로 고대의 유기체적 세계관의 복고 현상이 나타났다. 기독교 이외의 다른 문명권, 특히 동양의 유기체적이며 범신론적인 자연관이 환경 문제에 대한 새로운 대안으로 제시되기에 이르렀다. 그것은 최근의 제임스 러브록(James Lovelock)과 같은 생태주의 과학자들에 의해 제기된 가이아 가설[1]이나 어머니 지구 이론으로 이어진다. 또 하나의 현대적 유기체 이론을 탄생시키고 있는 것이다. 자연 만물에 영혼이 숨어 있다는, 그러니 함부로 다쳐서는 안 된다는 고대의 정령 숭배 사상과 범신론적 물활론이 생태주의의 포장을 하고 새롭게 부활한 것이다(이 같은 생각들이 지구 환경 보호를 위해 일부분 기여하고 있는 것은 사실이다).

서구 문명이 동양을 제치고 세계 역사의 주축으로 올라선 계기를 마련한 것은 16-17세기 과학혁명 이후 근대 세계에 이르러서였다. 과학혁명은 동서양을 막론하고 공통적으로 견지해 오던 유기체적 세계관으로부터 성서적 기계적 세계관으로의 천이를 가져왔다. 그 일은 서구인들의 사고를 획기적으로 변화시켰다. 자연을 숭배하고 두려워하던 과거에서 벗어나 적극적으로 자연을 이해하고 탐구하는 계기를 마련해 주었다. 자연을 정복하고 다스리기 시작한 것이다. 물론 이 시기에 서양의 기독교 국가들이 타민족에게 자행한 제국주의적 환경파괴에 대하여는 역사적 책임을 묻지 않을 수 없다.

　이런 관점에서 보면 린 화이트의 지적은 일견 타당성이 있다. 그러나 그 내용을 자세히 살펴보면, 역사의 한 단면만을 부각하여 전체의 책임을 전가하는 환원주의적 오류를 품고 있다. 과학혁명을 일으킨 당시의 기계적 세계관은 철저히 유신론적 세계관에 바탕을 둔 것이었다. 코페르니쿠스, 케플러, 갈릴레이, 뉴턴 등 과학혁명을 일으킨 주인공들은 하나님이 창조하신 우주 안에 감춰진 오묘한 설계와 목적성에 대해 추호의 의심도 없이 확신하는 사람들이었다. 그들과 충돌을 야기했던 중세적 세계관은 오히려 헬레니즘의 유기체적 세계관에 뿌리를 둔 아리스토텔레스의 과학이었다. 성경은 철저하게 모든 자연 세계가 하나님의 지혜로 만들어진(formed, fabricated) 것임을 천명하고 있다. 기계적 세계관은 광대한 우주를 구성하며 규칙적으로 운행하는 행성과 은하들에서 시작하여 지구 생태계의 모든 동식물과 흙으로 만드신 사람의 몸에 이르기까지, 하나님이 지으신 만물이 목적과 설계에 의해 기계적[2]으로 형성된 것이라고 알려 주고 있다. 복잡하고 신비하기 이를 데 없는 자연이지만, 그것은 하나님이 만드신 것이지 자연 스스로 자기 조직화하여 나타난 유기체가 아니라는 것이다. 생명현상의 특징인 유기체가 발현된 것은 하나님의 숨결과 생기가 들어간 이후에 나타났다는 관점이다. 사람의 생명 또한 하나님이 만드신 몸속에 생기를 불어넣어 탄생한 것이기에 자연과는 구별된다. 우리의 몸은 죽어서 다시 흙으로 돌아갈지라도 영혼은 여전히 남아 있는 것이다.

그러나 하나님이 창조하신 세계에 대한 유신론적 기계론은 시간이 지남에 따라 계몽주의 철학자들에 의해 이신론(理神論)[3]으로 탈바꿈하고, 마침내 무신론적 기계론으로 귀착되고 만다. 다스리고 정복하되 선한 청지기가 주인의 재물을 정성스레 관리하듯 해야 할 자연을 인간이 스스로 주인이 되어 마음대로 탈취하고 빼앗고 남용하게 된 것이다. 타락한 인간에 의해 끝없이 유린당할 그 자연의 모습을 미리 내다보셨던 하나님은 아담과 하와에게 '이제는 땅이 네게 가시덤불과 엉겅퀴를 낼 것'이라고 예언적 저주를 하신다. 하나님을 배제한 기계적 세계관은 오직 인간의 이성만을 신봉하는 과학주의와 물질주의에 빠진다. 그 이성의 시대가 만들어낸 사생아가 지구 전체의 환경파괴자로 나타나게 된 것이다. 오히려 자연을 살아 있는 유기체로 보고 숭배하던 시절보다 더 못한 결과를 가져온 것이다.

만일 기독교 자체가 환경파괴의 주범이라는 논리를 받아들인다면, 현재 기독교 국가마다 환경파괴 현상이 더 심하게 나타나야만 한다. 그러나 현실은 정 반대이다. 기독교 문명이 한번 휩쓸고 지나간 국가는 비교적 환경보존이 양호한 반면에 유물론, 즉 무신론적 기계론 사상에 입각해 세워졌던 공산주의 국가마다 더 심한 환경파괴와 훼손이 일어났기 때문이다. 환경파괴는 기

독교의 자연관 때문이 아니라 하나님을 떠나 살아가는, 이기적
으로 타락한 인간에 의해 야기된 문제인 것이다.

연길에 처음 왔을 때, 우리를 가장 힘들게 한 것 중의 하나는
온 도시를 휘감고 있는 먼지와 악취와 쓰레기들이었다. 우리가
처음 아파트를 얻었던 뻬이따라는 동네와 학교 사이를 오가는
길에도 진흙과 쓰레기가 뒤범벅이 되어 있었고, 각종 오물과 하
수가 길가에 그대로 버려지고 있었다. 물도 제대로 나오지 않아
서 항상 욕조에 물을 받아서 살았는데, 그 물을 다 쓰고 나면 욕
조 바닥에 마치 갯벌처럼 진흙이 남았다. 여름에는 시뻘건 흙탕
물과 싸워야 했으며, 겨울이면 온 도시를 휘감는 석탄 매연으로
아이들은 폐렴에 시달렸고 어른들도 기관지에 새까만 가래가 끓
었다. 사람들이 마구 버린 플라스틱 비닐 종이가 바람에 날려 나
뭇가지마다 빨간 파란 열매처럼 매달린 진풍경을 낳았다. 노상
에서 방뇨하는 모습은 다반사요, 재래식 화장실에 얽힌 놀란 경
험담이 너무 많아―창피한 일이지만―늘 식탁의 이야깃거리가
되곤 했다. 사실은 그것이 바로 복음이 들어오기 전 한국 사회의
모습이었고, 어린 시절 우리들이 경험한 모습이기도 했다.
중국 전역에, 그리고 연변지역에 10여 년 전부터 복음의 바람
이 조용히 불기 시작했다. 수많은 발걸음들이 오고 가며 씨앗을
뿌렸다. 복도에서, 기숙사에서, 교실에서, 아무 데나 침을 뱉고

담배꽁초를 버리는 아이들을 붙들고 씨름한 지 10년이 지났다. 이제 과기대 교정의 화사한 꽃들과 푸른 잔디밭 사이를 오가는 많은 시민과 학부형들은 아름답게 다듬어진 교정과 깨끗한 기숙사에 놀라고 감탄한다. 이러한 생활에 젖어 방학 때 집에 돌아가기를 싫어하는 학생들도 있다. 외국 선생님들의 깨끗한 옷차림과 예절을 보고 자란 지 10년. 학생들이 달라졌다. 학교가 완전히 변했다. 연길시 전체가 변하고 있고, 해가 다르게 깨끗해지고 있다. 아니, 중국 전체가 깨끗해지고 있다. 이제는 2008년 북경 올림픽을 '그린 올림픽'으로 만들겠다고 나서고 있다. 중국 광동성에서 발생하여 전 세계로 퍼져 간 공포의 전염병 사스(SARS)는 오히려 중국 사회를 투명하게 만들고 보건과 청결 문제를 한 단계 끌어올리는 중요한 계기가 되었다.

복음은 치유의 능력이 있다.
그리고 그 복음은 물과 같이 스며들며 위에서 아래로 흐른다.

■ ■ ■

성경에서는 모든 죄의 근원을 불순종이라고 말한다. 하나님의 명령에 불순종하여 자기들 길로 나섰던 인간들, 선악과를 따먹은 그들의 원죄로 인해 하나님과 인간 사이가 분리되고 모든 피조계마저도 분리되어 큰 상처를 받게 되었다. 그러나 불순종의 죄를 일으킨 사건의 배후를 거슬러 올라가면 탐심과 교만 그리고 불신앙이 도사리고 있다. '너희가 하나님과 같이 되리라'고 속삭인 사단의 교만과, 선악과에 손을 대는 순간 먹음직하고 보암직하고 지혜롭게 할 만큼 탐스럽다고 느낀 아담과 하와의 탐심이 숨어 있는 것이다. 우리는 이 상류의 오염원을 먼저 치유하지 않고는 결단코 우리의 행동을 순종으로 바꿀 수 없다.

죄Sin   : 선악과 → 불신앙 → 교만 → 탐심 → 불순종

치유Healing : 십자가 → 믿음 → 회개 → 자유함 → 순종

우리는 오직 믿음으로만 구원을 얻는다. 그러나 참 믿음은 반드시 회개를 수반한다. 회개는 교만의 아성이 무너지는 소리이다. 그 속에서 그들을 붙들고 있던 탐심으로부터의 자유, 즉 떡(물질, 명예, 권력)에 대한 자유함과 순종의 행위들이 흘러나오게 된다. 따라서 십자가는 죄에 깊이 빠진 인간들이 하나님을 향한 믿음을 다시 선택하는 제 2의 선악과다. 그러나 믿는다고 하면서 회개하지 않는 크리스천들, 이들은 이웃과 자연에 불신자들보다 더 큰 상처를 남긴다. 마치 하나님을 떠난 기계론이 하나님 없는 유기체론보다 더 큰 환경파괴를 일으킨 것처럼.

진정한 회개는 하나님과 정반대 방향으로 나아가던 우리의 인

생 방향을 180도 완전히 전환시킨다. 비로소 하나님을 향한 순종의 삶으로 만드는 것이다. 회심의 순간 드러난 우리의 죄악을 내버리고 전 존재를 예수 앞에 던지지 않을 수 없다. 게네사렛 호숫가의 베드로와 같이 말이다. 만일 어떤 사람이 예수를 믿는다고 하면서 그의 삶이 45도 혹은 90도 정도 방향을 전환했다고 해서 그가 하나님을 향하는 것은 아니다. 그의 인생 방향은 여전히 세상의 또 다른 어떤 곳을 향해 나아가고 있을 뿐이다.

하나님 편에 서 있다고 주장하면서도 이웃과 피조계에 서슴지 않고 파괴를 일으키는 사람들이 있다. 마피아 크리스천이라고 해야 할까? 역사 속에서 하나님의 이름으로 자행되었던 수많은 십자군 전쟁의 참상, 그 이면에는 위정자들의 정치 경제적 통치 논리가 있었다.[4] 정치적, 경제적 메시아를 갈망하며 예수를 붙잡아 왕으로 삼으려 했던 군중들의 손을 피해 스스로 십자가의 길을 걸었던 갈릴리 사람을 생각하며, 피 흘림의 현장에서 고통당하는 그의 신음 소리를 듣는다.

치유(healing)가 영적인 혹은 개인적 차원의 문제라면, 회복(revival)은 치유된 개인들에 의해 전개되는 가정과 회사와 국가 등 공동체적이고 사회적인 문제이다. 지상 명령의 성취로 치유가 시작되면 치유받은 크리스천에 의해 문화 명령이 성취된다. 공동체와 사회를 원래의 모습으로 회복시키는 것이다. 그 속에서 환경도 회복된다.

거짓된 종교인들에 의해 자행된 전쟁의 포화 속에 함께 유린당한 생태계를 슬퍼한다. 하루 속히 진정한 하나님의 아들들이 나타나 피조계가 회복되고 온 인류의 상류 물 근원이 맑아지기를 희망한다. 완악한 종교인들을 향해 광야에서 외치던 세례 요한의 목소리가 이 시대에도 필요하다.

"회개하라. 천국이 가까웠느니라. 그러므로 회개에 합당한 열매를 맺고 속으로 아브라함이 우리 조상이라고 생각지 말라."

---

1) 그리스 신화에 나오는 대지(大地)의 여신 가이아(Gaia)의 이름을 따서 만든 가설적 신비적 생태이론. 생명을 비롯한 자연계의 모든 것이 가이아로부터 나와 스스로 선한 의도로 움직이며 상호 유기적 관계를 맺고 있다는 학설.

2) 산업 사회가 만들어낸 여러 가지 환경 폐해에 의해 기계적이라는 말은 자칫 부정적 의미로만 비치게 된다. 그러나 여기서의 기계적이라는 단어는 창조 세계의 속성을 구분할 때 그것이 만들어진 것이냐 혹은 저절로 생겨난 것이냐를 논하기 위한 제한적 의미로 사용된 용어이다.

3) 성서를 비판적으로 연구하고 계시(啓示)를 부정하거나 그 역할을 현저히 후퇴시켜서 기독교의 신앙 내용을 오로지 이성적인 진리에 한정시킨 18세기 유럽의 합리주의 신학의 세계관이다. 먼저 영국에서 시작되었으나, 이어 프랑스에 이입되어 볼테르와 D.디드로, J.루소 등이 제창하여 유럽 각지에 퍼졌다. 좁은 의미에서 신이 세계를 창조한 뒤에는 직접 간섭하지 않으며 자연법칙에 의해 세계가 운행된다고 보는 것이 이신론이라고 이해하기도 한다.

4) 자크 엘룰은 그의 저서 《뒤틀려진 기독교》(1990, 대장간)에서 기독교가 정의를 앞세워 성전(聖戰, jihad)을 벌이는 것은 다분히 이슬람의 영향을 받아 왜곡된 것이라고 지적하고 있다.

열 번째 이야기 **지성**

지성,
그 깨지기 쉬운 유리알 유희

지 성

지성이면 감천이라더니,
지성미 넘치는 그녀가 내 책상에 다가와 걸터앉았다.
부드러운 헤이즐넛 커피 향을 날리며
포스트모던 건축 양식에 대해 말했다.

지성적이고 싶었던 나는 그녀의 말에 수긍했다.
그러나 그녀는 다시 고개를 저었다.
나는 그래도 고딕 양식이 더 좋아요.
쾰른 성당의 웅장함이 훨씬 지적이고 남성적이죠.

히로시마에 원자탄이 터진 이유를 알아요?
그건 독일이 먼저 항복해 버렸기 때문이야.
젠장, 어딘가에 한 번은 터뜨려야 했잖아?
핵탄두 속에 농축된 지성들이 연쇄반응을 일으킨 거죠 뭐.

챌린저도 폭발하고 컬럼비아도 산산조각.
제길, 그래도 그들은 기어이 이라크를 공격했다고.
자기가 세계 최고의 지성임을 과시해야 했거든.
암, 아는 것이 힘인데 뭘.

미니스커트를 입은 그녀는
박지성을 좋아했다.

지성, 그 깨지기 쉬운 유리알 유희

문명 충돌과 붕괴의 시론(時論)

2001년 9월 11일 발생한 세계무역센터(WTC)의 붕괴 장면은 전 세계인을 경악하게 한 세기적 사건이었다. 정보화시대를 실감하며 생방송으로 엽기적 상황을 지켜보는 동안 많은 생각이 스쳐 지나갔다. 바야흐로 다각화된 문화에 의한 문명 충돌의 시대로서 21세기를 예견했던 새뮤얼 헌팅턴과, 인류 역사 속에 나타난 문명의 한계 수익 체감에 의한 문명 붕괴의 필연성을 역설한 조지프 테인터의 노작(勞作)이 새삼 떠오르는 순간이었다.

역사학자 토인비가, 2,000년 전 바울이 소아시아에서 지중해를 건너 유럽으로 건너갈 때 타고 간 배를 가리켜 '유럽의 운명을 싣고 간 배'였다고 말했듯이, 세계 역사는 끊임없는 서진(西進)를 계속하며 새로운 문명과 역사의 주역들을 탄생시켜 왔다. 21세기의 개막과 더불어 발생한 WTC의 붕괴는 어쩌면 지난 20세기 세계 정치 경제 문화의 주역이었던 한 문명이 무너져 내리고 이제 새로운 주역의 부상을 예고하는 역사의 한 서막으로 기억될지도 모른다. 지난 20세기는 인간의 합리적 이성을 앞세운 과학기술을 무기로 유토피아 사회 건설을 추구하며 시작되었다. 20세기가 평등과 자유의 이데올로기를 나누어 가진 채 동서 냉전의 양극화 구도로 치닫는 동안, 세계는 수많은 전쟁과 혁명 속에서 무고한 피 흘림과 비인간화의 값을 치렀다. 그러나 이제 21세기는 다원화된 문화 전쟁 속에서 새로운 형태의 피 흘림을 예고하고 있음이 아닌가?

인간의 본질에 대한 탐구는 철학과 과학의 가장 오랜 주제였다. 지난 18세기 계몽주의 시대 프랑스의 라메트리가 '기계 인간'의 개념을 제시함으로 출발한 소위 생물학 결정론은, 모든 인간이 유전자에 의해 프로그램 된 고도로 복잡한 기계에 불과하다는 생각을 낳았다. 급기야는 좋은 세상을 만들기 위해서는 좋은 유전자를 지닌 사람만을 남겨 놓아야 한다는 주장의 우생학을 통해 열등한 인종을 청소 도말(?)하는 히틀러식의 급진 우익 사상까지 만들어 내기에 이르렀다. 그러나 생물학 결정론에 반대하는 문화 결정론자들은, 인간은 주변 환경과 교육 문화에 의해 언제든지 변화될 수 있는 존재라는 주장을 내세운다. 그러나 문화 결정론이 또 다른 극단으로 치우칠 때, 소위 행동주의 철학자들이 주장하는 바와 같이, 인간을 환경적 자극에 의해 마음대로 조작할 수 있는 환경적 기계장치 또는 시스템으로 파악하고 만다.

결국 이 논쟁은, 인간이 안고 있는 피면할 수 없는 두 가지 조건 '자연'(Nature)과 '문화'(Culture)에 대한 시각을 어떻게 갖느냐 하는 문제에서 비롯한다. 분명 인간은 자연적 요소를 지닌 존재이기도 하지만 문화적 환경에 의해 끊임없이 변화되고 있는 존재이기도 하다. 그러나 인간을 파악하는 시각이 자연이냐 문화냐 하는 양자택일의 이원론에 빠질 때 결국 인간의 사물화(死物化)를 조장하는 이데올로기로 변하고 만다. 이데올로기화한 원리주의(原理主義)는 항상 위험요소를 안고 있다. 그래서 어느 한쪽에 치우치지 않는 균형 잡힌 생각을 유지하는 것은 대단히 중요한 일이다.

인간은 자연과 문화 사이에 존재한다. 그러나 그 중간 영역은 철학과 과학의 오랜 탐구에도 불구하고 여전히 완전히 파악될 수 없는 블랙박스로 남아 있다. 내가 알 수 없는 어떤 영역이 있을 수도 있다는 생각, 그것이야말로 경직된 사고의 위험성으로부터 자신을 지켜 주는 균형 감각이며, 나 자신에 대한 무지로부터 탈출을 위한 출발이 될 것이다. 문명 충돌의 시대에 자신이 붕괴되지 않고 살아가기 위해 가장 필요한 것은 역사의 완충지대를 바로 읽는 지혜와 탄력성이다.

위 글은 연변과학기술대학 신문(2001년 10월 18일)의 '북산가 칼럼'에 실었던 글이다. 사회주의 국가의 대학신문에 게재한 글이라 신앙적인 내용은 더 이상 쓸 수가 없었다. 그러나 인간의 본질에 관한 해답을 논하기 위해서는 위에서 '블랙박스'로 처리한 부분에 대한 신앙적 이해가 반드시 있어야 한다. 인간에게 주어진 이성적 힘은 무궁무진해 보인다. 지난 20세기에 인류는 천체의 궤도를 예측하여 달과 화성에 로켓을 쏘아 올리고, 원자의 구조를 파헤쳐 신기한 반도체와 컴퓨터 시대를 열었다. 그러나 그 이성의 힘으로 미사일의 탄도를 예측하고 원자폭탄을 만들어 대량 살상을 일으킨다. 그것이 인간의 이성이 지닌 양면성이다. 어째서 이런 일들이 발생하는 것일까?

■ ■ ■

제2차 세계대전이 한창이던 1943년, 독일의 작가 헤르만 헤세는 그의 생애 최고의 대작이자 자신의 사상을 집대성한 작품 《유리알 유희》를 발표하여 1946년에 전후 최초로 노벨 문학상을 받는다. 나치스에 의해 갈기갈기 찢긴 독일 지성인의 자존심과 전쟁의 광란과 공포에 젖은 20세기 지성의 회복을 희구하는 헤세의 문학 집념의 산물이기도 했다. 서기 2400년을 배경으로 펼쳐지는 미래소설이자 유토피아 소설인 이 작품은, 인류가 20세기 전쟁의 공포에서 벗어나 지성의 회복을 통한 종교적 이상향을 건설하고 영재 교육을 통해 학문과 예술의 정신문명을 극대화하는 지적 유희를 벌이는 내용을 담고 있다. 인간이 만들어 낸 학문과 예술의 최고의 경지, 그것을 헤세는 《유리알 유희》에서 마치 수학적 대위법으로 작곡된 바흐의 파이프오르간 푸가(Fugue)를 연주하는 것과 같이 묘사하고 있다. 더 이상 정교할 수 없고, 더 이상 웅장할 수 없으며, 더 이상 합리적이거나 더 이상 경건할 수 없는, 꽉 짜여진 위대한 음악. 그 음악의 명인들에 의해 펼쳐지는 유토피아라는 대곡은 마침내 연주될 수 있을 것인가? 과연 인간의 역사는 헤세가 지향하고 갈구했던 대로 이상향을 향해 나아갈 수 있을 것인가? 그것은 가능한 일일까?

고대로부터 인간의 이성적 힘을 믿었던 일부 사상가들은 탁월한 지도력을 지닌 소수 엘리트 혹은 철인(哲人)을 통해 다스려지는 이상국가(理想國家)를 만들고 싶어했으며, 그것이 가능하다고 생각했다. 플라톤이 그랬고 공자가 그랬다. 그 시대와 환경과 방법론은 달랐지만, 퇴계와 율곡이 그러했고 크롬웰이 그러했으며 마르크스가 그러했다.

지금부터 100여 년 전, 19세기 말에서 20세기로 인류 역사의 수레가 역동적으로 올라서던 시기에 서구 세계는 17세기 이후 자신들이 이룩해 낸 과학기술의 혁명적 진보와 그에 따른 자신감으로 가득 차 있었다. 과학혁명에 의해 형성된 기계론적 세계관이 인간의 이성을 신봉하는 계몽주의자들에 의해 진보주의(progressivism)라는 일종의 이데올로기로 변하게 되었고, 마침내 서구 지성인들의 자만심으로 표출되었다. 19세기 중엽 찰스 다윈에 의해 조심스럽게 제기되었던 진화론은 그와 같은 시대사조를 등에 업고 채 20년이 지나기도 전에 전 유럽과 미국을 뒤덮는 사회학적인 혁명적 풍조가 되었고 진화 사상이 되어 나타났던 것이다. 서구 열강이 전 세계를 제국주의 식민지 영역으로 패권 쟁탈을 하며, 그에 대한 반동으로 나타난 사회주의 혁명을 통해 전 세계가 자유 진영과 공산 진영으로 첨예하게 나뉘는 과정 속에서도, 과학기술의 무한한 발전과 더불어 마침내 인류가 20세기의 유토피아를 건설하게 되리라는 신념만은 양 진영 모두 공유하고 있었다. 진보주의는 현대성의 상징이었고 20세기를 여는 화두였다.

그와 같은 신념 틀 속에서 교육을 받아 오던 사람들이 점차 그 꿈에서 깨어나기 시작한 것은 두 차례의 세계대전을 치르면서, 그리고 마침내 인류가 이룩해 낸 과학기술의 열매가 핵폭탄이라는 엄청난 살상 무기로 등장하여 온 인류를 핵전쟁의 위협 속으로 몰아넣기 시작한 그 무렵이었다. 한국전쟁과 월남전의 참상,

끝없이 이어지는 냉전 상황 속에서 서구의 지성은 자신들이 가졌던 진보 이데올로기가 어쩌면 신기루에 불과할지 모른다는 것을 조금씩 깨닫기 시작하였다. 그와 함께 소위 탈현대(脫現代), 즉 포스트모던(Post-Modern) 논쟁이 시작되었다. 그러나 그와 같은 지적 논쟁이 일반 대중들의 삶 속에까지 파급되기에는 상당한 시간이 요구되고 있었다. 여전히 교육 현장에서는 진보 이념이 신앙 고백처럼 설파되고 있었고, 대다수의 대중들은 그것을 무비판적으로 받아들였던 것이다. 탈현대의 외침은 20세기 지성이 이룩해 내었던 거대하고 냉혹한 기계문명에 대한 반발과 자성 그리고 인간 이성에 대한 회의와 불안감의 표출이었다.

그 불확실성 속에서 전 세계를 충격으로 몰아넣었던 9·11테러로 21세기는 그 서막을 연다. 곧이어 반격으로 가해진 아프간과 이라크 전쟁은 지난 20세기 세계의 학문과 예술을 이끌어 가며 정치와 경제의 종주국이요 지성 국가로 자처했던 미국을 바라보던 전 세계인을 극심한 반발과 실망 그리고 분노에 사로잡히게 했다. 이성과 이념으로 시작했던 20세기보다도 감성과 경제 논리만을 앞세우는 21세기는 역사를 더욱 극심한 지적 공황과 불안으로 몰고 갈 가능성이 높다. 과연 인류는 이제 지성을 포기해야만 하는 것인가? 도대체 무엇이 문제인가?

■ ■ ■

하나님의 형상으로 창조된 인간, 그 특별한 인간의 본질에 대하여 성경은 세 가지 구성 요소를 암시하고 있다. 창세기 1장에는 하나님의 개입이 없이는 불가능한 창조 행위를 표현하는 히브리어 '바라'(bara)라는 동사가 단계적으로 세 구절에 등장한다. 첫째가 절대 무(無)의 상태에서 시공간과 물질을 창조하는 1절이요, 둘째가 의식적 존재로서의 생물을 창조하는 21절이며, 마지막 세 번째가 하나님의 형상으로 인간을 창조하는 27절이다. 인간은 이 세 가지 단계를 통해 물질적 요소(body)와 의식적 요소(soul) 및 영적 요소(spirit)를 함께 갖춘 존재가 되었다. 물론 유기체로서의 인간에게 이 세 가지 요소가 삼분법(三分法)적으로 독립되어 있지는 않다. 육체적 결함과 상처가 더러는 의식과 영적인 함몰을 가져오기도 하며, 영적인 치유가 육체의 손상을 회복시키는 결과로 나타나기도 하기에 인간은 이 세 가지 요소를 지닌 하나의 통일체로 봄이 마땅하다.

그러나 인간이 지닌 한계성을 근원적으로 파악하기 위해서는 세 가지 요소를 분리하여 생각할 필요가 있다. J. M. 보이스와 반하우스는 인간을 하나님에 의해 아름답고 완전하게 지어진 3층집으로 묘사하고 있다.[1] 제 1층인 몸(body)은 흙으로 지어진(formed) 물질적 요소요, 제 2층인 혼(soul)이 인격성(personality)을 나타내는 요소라면, 제 3층인 영(spirit)은 하나님과의 대화와 교제를 가능케 하는 영성(spirituality)적 요소이다. 문제는, 그렇게 아름답던 인간이 불순종의 죄를 지어 타락(fall)하는 순간, 마치 원자 폭탄이 터진 것과 같은 엄청난 재앙이 발생하여 인간의 본질적 요소를 근원적으로 훼손해 버렸다는 것이다. 하나님과의 대화를 가능케 하던 제 3층은 폭탄이 투하된 순간에 완전히 날아가 버리고(파편만이 희미한 흔적으로 남음), 인간의 지성, 감성, 의지를 나타내던 제 2층은 반파되어 절반이 남았으나 남은 절반도 심하게 손상되었으며, 제 1층 육체는 겉으로는 멀쩡해 보였지만 폭발 진동에 의해 보이지 않는 미세 균열(micro-crack)이 가득 발생하여 서서히 무너지기 시작하였다. 결국 선악과를 먹는 날에는 너희가 반드시 죽으리라고 약속했던 대로 인간은 죽을 수밖에 없는 존재로 전락하고 만 것이다.

인간의 지성을 과대평가했던 계몽주의 철학자들은 인간 스스로 자신의 존재를 규정하고 파악할 수 있을 뿐 아니라 그 이성의 힘으로 유토피아를 건설할 수 있다고 믿었다. 무신론과 유물론으로 무장된 그들은 하나님의 자리에 과학을 올려놓음으로써 새로운 부르주아 지배 계층을 형성하게 되었다. 그들이 인간을 결정론적으로 이해하고 분석해 가는 과정에서 서구 사회에 처음 등장한 것이 기계적 결정론이다. 즉, 인간을 단지 유전자와 생체 화학반응에 의해 결정되는 물질적 산물로 보는 견해이다. 이는 나중에 유전자 구조의 이해와 분자생물학의 시작과 더불어 생물학 결정론으로 발전하며 다위니즘에 의한 적자생존의 원리와 결합하여 자본주의 보수 우익 사상의 철학적 기초를 놓게 된다. IQ, 가부장적, 성적(性的), 사회적, 인종적, 나아가서는 정치 경제적 불평등의 기원을 인간 내부에 선천적으로 결정되어 있는 유전적 원인으로 파악하는 것이다. 이에 반해 심리학 결정론 또는 문화 결정론은, 인간은 오직 그가 자라 온 환경과 교육에 의해 결정되는 역사적 산물로서 파악한다. 의식의 정신적 진화 과정을 변증법적으로 기술한 헤겔에서 출발하여 인간 행동을 외부 자극에 의한 학습된 반응으로 파악한 스키너에 이르기까지, 그들은 인간의 정신 현상을 철저히 탈신격화(脫神格化)한다. 이는 교육과 학습을 통한 사회 변혁을 꿈꾸는 좌익 급진 사상에 영향을 주며 역시 다위니즘의 자연도태의 원리와 결합하여 프롤레타리아 혁명 계급투쟁의 사회주의 철학으로 발전해 간다.

인간은 비록 불완전하지만 자유의지를 지닌 존재이기 때문에 자신의 행동에 도덕적 책임을 담당해야 한다. 그러나 생물학 결정론이든 문화 결정론이든, 결정론적 세계관으로 바라본 인간에게는 도덕적 책임이 사라지고 만다. 그가 어떤 사회적 문제나 불평등이나 혹은 폭력을 야기하거나 당하더라도, 그것은 생물학적 원인 혹은 그가 처했던 환경적 원인에 의해 불가피하게 발생된 것이기 때문이다. 이 같은 사상 위에 유토피아를 꿈꾸고 출발했던 결정론적 세계는 오히려 날이 갈수록 심각한 사회적 질병과 경제적 불평등 그리고 끔찍한 전쟁으로 지난 20세기를 점철했다. 보수 우익 사상이 빚어낸 우생학은 생명 경시 현상으로 나타나 나치 히틀러의 유대인 학살, 일본의 남경대학살과 731부대의 만행을 일으켰으며, 좌익 급진 사상이 일으킨 공산혁명은 사회주의 국가마다 엄청난 피의 숙청을 불러 왔다. 결정론주의자, 그들은 타락한 인간의 이성이 얼마나 심하게 왜곡되어 있는지를 몰랐다. 그들의 이성은 너무나 불완전해서 인간의 본질을 제대로 파악하지도 못했을 뿐 아니라, 그 불완전한 이성으로 완전한 이상사회를 결코 이룩할 수 없었던 것이다.

동서 냉전으로 팽팽히 맞서던 20세기가 그 균형을 상실하고 사회주의의 몰락으로 내닫던 1980년대 후반부터 미국과 영국 사회를 중심으로 신우익(New Right)라고 불리는 정치권력이 새롭게 형성되기 시작했다. 레이건과 대처를 거쳐 부시와 블레어로 이어지는 일련의 정권들의 배후에는 생물학 결정론의 사상으로 새롭게 무장하여 세계의 정치 경제 질서를 보수 우익의 패권 하에 재편하려는 움직임이 깔려 있다. 그들은 기독교 근본주의와 결합하여 세계 평화와 자유수호를 위한 신탁국가로서 타민족을 징벌하는 정의의 칼을 휘두르며 새로운 십자군 운동과 우생학을 펼쳐 가기 시작했다. 2000년 6월 26일 미국의 클린턴 대통령과 영국의 블레어 총리는 인간의 DNA 염기 서열의 위치를 판독하는 인간 게놈 프로젝트(Human Genome Project)의 초안을 발표했다. 그것은 생물학 결정론의 위대한 승전보였으며 신우익 세력의 21세기를 향한 선전포고였다.

미국에서 가장 오래된 대학 하버드와 영국에서 가장 오래된 대학 옥스퍼드는 세계의 학문 정신을 이끌어 가는 최고 지성의 명문 대학들이다. 그곳에 현대 진화론의 생물학 결정론을 주도하고 있는 두 선두 그룹이 있다. 하버드 대학의 에드워드 윌슨[2]과 옥스퍼드 대학의 리차드 도킨스[3]가 그들이다. 강자의 생존을 위해 약자를 공격하는 것이 자연이 만들어 낸 정당한 법칙이라는 그들의 논리가 이 두 기독교(?) 국가에 팽배해 있는 것이다. 마치 서구의 중세 시대가 표면적으로는 로마가톨릭의 기독교 국가였지만 그들을 지배하던 철학과 과학 사상은 플라톤과 아리스토텔레스의 헬레니즘 철학과 과학으로 무장되어 있었던 것과 마찬가지다. 중세 수도원 운동에서 출발한 옥스퍼드 대학, 청교도 정신으로 세워진 하버드 대학이 전 세계 인본주의의 산실로 탈바꿈한 사실을 어떻게 바라보아야 하는가? 하버드 대학의 설립 이념에는 모든 학문의 영역에서 그리스도의 정신이 드러나게 하겠다는 선언문이 유리알처럼 빛나며 아직도 남아 있다.

유리알은 또다시 깨어졌다.
그리고 윌슨과 도킨스의 전쟁이 시작되었다.

충격과 공포 가득한 죽음의 현장.

깨어진 가정과 울부짖는 어린아이들의 울음소리.

포화의 연기 속에서 무너지고 스러져 가는 인간성들,

배반과 약탈, 방화.

지난 세기 전쟁의 잔혹함을 경험했던 우리 민족에게

이 일은 결코 남의 이야기가 아니다.

저들의 통곡과 눈물의 상처들이 치유되기 위해,

이제 또다시 얼마나 많은 순교자의 십자가가 저 땅 위에

세워져야 할지.

사막의 모래 바람이 메마른 가슴을 스치운다.

1) James Montgomery Boice, *Foundations of the Christian*(IVP, 1986),
p.157; Donald Grey Barnhouse, *Let me Illustrate*(Revell, 1967), p.32.
2) 《사회생물학: 새로운 종합》(*Sociobiology: The New Synthesis*, 1975)의 저자.
3) 《이기적인 유전자》(*The Selfish Gene*, 1976), 《눈먼 시계공》 등의 저자.

열한 번째 이야기 **사랑**

사랑,
　　부르다가 죽을 그 이름이여

사랑

사랑은 아픔이다.
그래서 때때로 사랑은 죽음이 된다.
죽을 만큼 아픈 사랑을 해 보지 않은 사람은
사랑을 모른다.

뺨에 뺨을 대고서
그렇게 죽어 버리자고 맹세했던 그 연인들은
다 어디로 갔을까?
애절한 시와 사랑의 세레나데로 수놓았던 달빛의 선율은
차가운 무덤 속 기억 저편으로 사라진 것일까?

열아홉의 사랑과 스무 살의 사랑이 다르고
서른의 사랑과 마흔의 사랑이 다르듯
사랑의 세월은 강물처럼 흐르다가 넓어지고
그 물살 속에서 우리는 인생을 배운다.

젊은 협곡을 몰아치던 그 아픈 물살은
쏜살같이 우리의 심장을 꿰뚫고 지나갔지만
이제 바다를 그리며 유유히 흐르는 저 강물은
생명의 젖줄이 되어 메마른 대지를 적신다.

사랑으로 죽는 사람만큼 찬란한 인생이 있을까?
그 사랑을 품은 사람에게는
사랑은 영원한 기쁨이 된다.
그리고 당신은, 생명으로 다시 태어난다.

사랑, 부르다가 죽을 그 이름이여

하나님 나라의 역사는

타락한 인간의 에로스 사랑에 대한 완전한 하나님의 아가페
사랑의 선포와 그에 따른 영적 전쟁 속에서 이루어져 왔다.

■ ■ ■

청춘 예찬을 하는 사람들의 마음속에 가장 애틋하게 남아 있
는 감정이 있다면 아마 젊은 날의 뜨거웠던 첫사랑의 열정이 아
닐까? 오직 젊음만이 누릴 수 있는 특권이요 그 이름만큼이나
순수하고 설레는 말, 첫사랑! 인간만이 지닌 보석같이 빛나는 그
사랑의 감정을 통해 얼마나 많은 시와 노래들이 탄생했으며, 섣
부른 첫사랑의 함정에 발을 헛디뎌 헤어날 수 없는 깊은 상처와
수렁에 빠져 버린 연인들은 또 얼마나 많았을까? 채 피어 보지
도 못한 인생의 젊은 꽃봉오리들이 실연의 구덩이 속에서 눈물
과 고통으로 몸부림치다가 지쳐서 스러져 버리기도 한다.

첫눈에 홀딱 반하는 그런 뜨거운 사랑을 하고 싶다고 말하는 사람들이 있다. 그런 사랑을 못 해 본 것이 정말 아쉽다고도 한다. 물론 상상 속에서는 멋있고 좋아 보일 수도 있다. 그러나 나는 그런 사랑은 가급적 말리고 싶다. 왜냐하면 경험상(?) 그런 사랑은 너무 위험하기 때문이다. 그리고 그 후유증이 너무나 크고 깊게 마련이다. 상대방에 대한 사랑의 깊이와 넓이를 미처 깨닫기도 전에 표피적인 감정에서 바로 파국으로 흐를 가능성이 더 높다. 더구나 첫사랑이 그렇게 다가온다면 대개 실패할 확률이 크고 상처도 깊게 남는다. 예방 접종이 안 된 어린이가 급성 바이러스에 걸리듯, 인생의 경험도 예비지식도 없는 순수한 젊은 남녀가 그런 사랑에 노출되면 그들은 고열과 오한에 시달리며 다른 어떤 일도 할 수 없는 감정의 혼수상태로 빠져들게 되는 것이다. 그같이 잘못 내딛은 어설픈 첫사랑의 후유증으로, 청춘의 꽃이라 할 수 있는 대학생활을 완전히 날려 버린 대표적인 한 사람을 소개하고자 한다. (같은 시행착오를 겪을 수 있는 인생 후배들과, 언젠가 청춘의 열병을 앓아야 할 사랑하는 나의 두 아들을 위해서.)

나의 어린 시절을 회고해 보면, 책벌레로 지내어 쉽사리 몽상에 빠져들고 더러 이상주의적 성향을 지닌 것을 제외하면 아주 평범한 학생이었다. 더욱이 사회적 관행을 따라 인생의 모든 척

도를 좌지우지하는 대학 입시에 목매달며 오직 학교와 집밖에 모르던 모범생이었다. 마침내 원하던 대학에 합격한 후, 당시 풍습을 따라 자랑스러운 대학 배지를 달고 첫 등교를 하던 그 시절의 설렘은 아직도 추억 속에서 생생히 다가온다. 마치 온 세상을 내 손안에 얻은 것같이 느끼던 나날이었다. 장밋빛 꿈과 희망이 내 인생의 앞길에 거침없이 펼쳐질 것만 같던 그 무렵에 나는 친구의 소개로 한 여대생을 만났다. 그리고 그날 그 자리에서 첫사랑의 타오르는 불꽃으로 눈앞이 혼미해지며, 아마도 정신을 잃었던 것 같다. 그날 이후 나는 아무 일도 할 수 없었고, 오직 그녀를 보고 싶은 한 가지 생각으로 내 머릿속은 진공상태가 되고 말았다. 호젓한 찻집에서 두근거리는 마음으로 그녀가 나타나기를 기다릴 때에는 온 우주의 시계가 잠시 멈추어 선 것만 같았다. 둘이 만나서 신나게 거리를 활보하며 다닐 때면 세상에 부러울 것 없이 마냥 좋았다. 무작정 행복했고 잠시라도 헤어질라치면 그토록 아쉬울 수가 없었다. 두 사람은 마치 소꿉장난하는 어린아이처럼 자신의 작은 세계에 폭 빠져 그 외에는 아무것도 생각할 수 없었다.

나는 연애 경험이 전혀 없었기에, 여자가 항상 남자보다 현실적이라는 것도 나중에야 알았다. 그녀의 어느 정도 계산된(?) 순진한 표정과 춤추듯 하는 감정 변화, 그리고 혼을 빼앗아 가는 듯한 웃음소리에 내 온 마음과 정신이 홀려 있었다. 나는 그녀의 웃음 뒤에서 조금씩 다가오던 감춰진 불안을 전혀 읽어 내지 못했다. 동성동본이나 집안이 전혀 맞지가 않는다든지 하는 현실적인 문제가 눈앞에 다가오자, 그녀가 먼저 헤어짐에 대한 불안감을 나타내기 시작했다. 그리고 조용히 떠날 준비를 했던 것 같다. 첫해 크리스마스의 아련한 추억을 마지막으로 이별의 편지를 한 장 남기고 그녀는 모질게 떠나 버렸다. 그 편지에는 그동안 자기가 고백했던 모든 말들은 거짓이니 이제 자기를 찾을 생각 하지 말고 깨끗이 잊으라는 말이 적혀 있었다. 자신의 아버지가 대처승이라고 하던 그녀는 마치 속세를 떠난 비구니처럼 내 시야에서 갑자기 종적을 감추고 말았다.

문제는 그때부터 시작되었다. 사실 나는 문제의 본질을 여전히 모르고 있었다. 내가 그토록 열망하던 것이 무엇이었는지, 왜 내 안에는 손에 잡히지 않는 깊은 허무와 갈증이 심연처럼 출렁이고 있었는지, 그 공허를 채우기 위한 내 몸짓과 몸부림이 무엇을 향한 것이었는지, 그것을 미처 깨닫지도 못한 채 나는 술과 담배로 자신을 자학하며 깊은 수렁으로 빠져 들어갔다. 그 시절, 세상 사람들을 향해 실연당한 사람의 표본을 보여 주기라도 하듯 수염을 거칠게 기르며 장발의 히피처럼 살았다. 전공과 대학 생활의 의미를 완전히 상실하고 말았다. 인생의 목적도 모르고 도로를 질주하던 어린아이가 막다른 골목을 만난 셈이었다. 그러나 내면적으로는 세상의 온갖 우수와 슬픔을 머금은 채 끝없는 허무를 향해 질주하고 있었다. 나는 점차 시인이 되어 가고 있었고, 주변에는 술 취한 아마추어 철학자의 취중담론을 즐기는 더 많은 술친구들이 몰려들었다.

그 후에 나는 몇 번인가 다시 그녀를 만날 수 있었다. 내가 그녀를 만나게 되는 날은 항상 마음을 고쳐먹고 무엇인가 새로운 삶을 시작하려고 결심한 날이었다. 마치 그녀가 풀어내는 불가(佛家)의 끈질긴 인연의 실타래가 누에고치처럼 나를 칭칭 휘감고 있는 듯, 그런 날이면 영락없이 길거리에서 그녀를 만나곤 했다. 그때마다 나는 다시금 자신을 억제하지 못하고 원점으로 떨어지는 감정의 혼돈을 겪곤 했다. 대학가의 데모로 어지러웠던 80년 봄, 그녀를 잊기 위해 나는 다시 다른 여인을 사귀고 있었다. 두 번째 여자는 아무 소망도 없어 보이던 나에게 미안할 만큼 헌신적인 사랑을 표현했다. 그 여인을 통해 내 삶은 안정을 되찾아 갔다. 그러던 어느 날, 첫사랑의 그녀가 다시 나를 찾아왔다. 자신이 내게 보였던 지난날의 설명하기 힘든 행동 방식에 대해 변명하려고 했다. 그러나 불현듯, 지금 이 순간 그녀를 끊지 못한다면 내 인생은 회복할 수 없는 낭떠러지로 떠밀려 갈 것이라는 생각이 들었다. 흔들리는 마음을 간신히 추슬러서 그녀를 냉정히 돌려보냈다. 그리고 나는 두 번째 여인과도 헤어진 후 졸업을 맞았다.

두 번째 여인은 큰 부잣집 딸이었다. 처음엔 그런 사실에 관심

도 없었던 나는, 그 일이 가져다줄 또 한 번의 상처를 짐작조차
못 하고 있었다. 자신들의 딸을 가난하고 힘없는 불량(?) 소년으
로부터 격리시키기 위해 국외로 강제 출국시키는 그녀의 집으로
부터 또 다른 형태의 수모와 소외를 당하는 동안 나는 사회에 대
한 심한 염증을 느꼈다. 그리고 세상을 향한 분노가 끓어올랐다.
나는 그 분노를 삭일 도피처가 필요했다.

군대를 마치고 인생을 새로 시작하는 마음으로 대학원에 진학
했다. 그러나 그 후에도 첫 번째 여인은 종종 내 시야에 나타났
다. 그녀는 텔레비전의 뉴스 앵커가 되어 있었다. 나는 순수했던
나에게 무자비하게 상처를 입힌 그녀들의 세상을 향해 복수의
칼을 갈며 오직 인생의 성공을 위한 질주에 매진했다. 처음으로
도서관에서 살다시피 하며 전 과목 A+의 성적을 받기도 했다.
나 자신과 나를 무시하던 세상에 나의 능력을 과시하기 위한 도
전이었다. 그리고 그것은 장래의 성공 야망으로 불타올랐다. 그
러는 중에도 내 생활은 술이 없으면 잠시도 견디지 못하는 알코
올 중독 초기 증상을 보이고 있었다. 손이 떨려서 커피 잔을 들
기 힘든 상황까지 이르렀다. 나는 심신의 깊은 상처에 허덕이며
극심한 편두통과 불면증에 시달렸다. 더 이상 견딜 수 없는 절망
감으로 깊은 심연의 바닥까지 내려갔을 무렵, 지금의 아내를 만
났다.

아내에 대한 고마움은 말로 표현할 수 없다. 그녀는 내가 만난

여자들 중에서 신앙을 가진 첫 사람이었다. 만나도 술만 마시고 아무 말도 없이 음산한 정물화의 실루엣처럼 앉아 있던 나를 무조건적인 사랑으로 받아주었다. 그녀와 만난 지 얼마 되지 않았을 때, 프러포즈도 한 번 안 한 상태에서 나는 무작정 그녀의 집으로 쳐들어가 부모에게 결혼 승낙을 받아 버렸다. 그녀의 의사를 무시한 일종의 폭력이었다. 그 같은 나를 어찌된 영문인지 그녀는 받아들여 주었다. 돌이켜보면 하나님의 은혜였다. 그야말로 나는 수렁에서 건진 남자가 되었고, 영적 치유와 회복을 위한 첫 걸음을 떼게 되었다.

요즈음은 첫사랑이 텔레비전에 등장해도 담담히 바라볼 수 있는 내가 참 신기하다. 얼마 전 그녀가 또다시 화면에 모습을 나타냈을 때는 왠지 측은한 느낌이 들었다. 아내가 옆에서 장난스럽게, 저렇게 매력 없는 여자를 어떻게 좋아할 수 있었냐고 눈을 흘겼다. 그 말에, 나도 정말 저 여자가 옛날에 내가 그토록 사랑(?)하여 미칠 것만 같았던 그 사람인가 하는 생각으로 세월의 무상함이 느껴졌다. 그 순간 다시 한 번 깨달았다. 그렇다! 참 사랑의 본질을 알지 못할진대, 인생은 까딱 잘못하면 실상이 아닌 신기루에 속아서 허겁지겁 달려가다가 지쳐 쓰러지고 마는 사막의 목마른 나그네에 불과할 뿐임을. 참 생수가 솟아나는 그 샘물을 발견하기 전에는 말이다.

그리스의 시인 헤시오도스는 미와 사랑과 풍요의 여신 아프로디테(비너스)의 탄생을 이렇게 묘사한다. 천공(天空)의 신 우라노스와 그의 아들 크로노스와의 싸움에서, 크로노스는 대지(大地)의 여신인 어머니 가이아의 음부 속에 숨어 있다가 아버지의 성기를 낫으로 잘라 바다에 던진다. 이렇게 하여 바다를 떠다니는 성기 주위에 하얀 거품(아프로스)이 모이고, 그 거품 속에서 아름다운 처녀 아프로디테가 생겨난다.

징그럽고 불쾌하기까지 한 이야기 속에서 미와 사랑의 화신이 탄생하는 이 설화는 이중의 의미를 담고 있다. 친부(親父) 살해를 통해서라도 권력을 획득하고자 하는 음모와 욕망, 그리고 바다를 떠다니는 거품처럼 덧없이 사라지는 아름다움, 그것이 바로 인본주의적 사랑의 정수인 에로스(Eros)의 개념이다. 권력과 욕망의 부산물로 나타난 아프로디테는 남편인 대장장이의 신 헤파이스토스 몰래 군신(軍神) 아레스와 통정하여 아들 에로스(큐피드)를 낳았다고 전해진다. 사랑의 화살을 쏘아 연인들을 사랑에 빠뜨리던 큐피드는 자신의 화살에 맞아 공주 프시케(Psyche)를 사랑하게 된다. 인간 정신과 혼(魂)을 상징하기도 하는 프시케는 지금도 큐피드의 화살을 맞은 수많은 젊은이들을 정신 잃게 하고 물불을 가리지 않는 맹목적 사랑에 빠지게 하곤 한다.

첫사랑도 그 본질을 살펴보면 대부분 자기 성취와 만족을 위한 에로스적 욕망의 산물이다. 그것이 이루어지지 않았을 때 생겨나는 실연의 고통과 분노, 그리고 세상을 향한 야망과 질주, 그 모든 것이 자기만족이라는 바위덩어리를 더 높은 욕망의 언덕으로 끌어올리려다가 끊임없이 실패하는 시지포스의 신화에 불과하다.

그러나 예수는 사랑에 대한 우리의 통념을 송두리째 바꾸어 버린다. 그가 가르치는 사랑은 도무지 우리가 상식적으로 받아들이기 힘든 것이다. 사랑은 자기 본위가 아니라 철저히 그것을 받는 대상이 본위가 되어야 한다는 것이다. 예수의 사랑, 아가페를 한 마디로 정의하면, 사랑하고픈 사람을 사랑하는 것이 아니라 도무지 사랑할 수 없는 사람일지라도 사랑하는 것이다. 그 사랑으로 하나님이 우리를 사랑했기 때문이다. 서기관과 바리새인들이 간음한 여인을 붙들어 와 예수를 고소하며 시험할 때, 그는 묵묵히 허리를 굽히고 앉아 손가락으로 땅에 무엇인가 적었다. 그가 적었던 글이 바로 '아가페' 아니었을까? 자신의 불의는 끝없이 감추면서도 다른 사람의 죄를 용납하지 못하는 인간들의 완악함에 예수는 서글픔을 느꼈다. 그리고 바로 그들을 위해 자신이 져야 할 아가페의 십자가를 다시 한 번 묵상했다. 잠시 침묵이 흐른 후, 예수는 고개를 들어 그들에게 말한다.

"너희 중에 죄 없는 자가 먼저 돌로 쳐라."

그 한 마디로 성난 군중을 모두 물리친다. 그리고 일어나 죄로 인해 죽어가는 그들을 구원키 위해 마침내 십자가의 길을 걸어간다.

십자가는 아가페 사랑, 그 절정의 현장이다. 예수는 십자가상에서 우리가 정말 부르다가 죽을 사랑은 에로스가 아니라 아가페임을 몸소 보여 주었다. 에로스의 죽음은 죽음 그 자체로 끝나고 말지만, 아가페의 죽음은 수많은 사람을 살리는 생명의 씨앗이 되기 때문이다. 에로스는 자기 성취를 위해 주변에 상처들을 남기지만, 아가페는 자신이 홀로 상처받는 그 희생으로 주변의 상처받은 영혼들을 치유하고 회복시킨다.

■ ■ ■

세상에서 가장 아름다운 사랑을 하고 싶다.
그런 사랑을 하는 사람들을 만나고 싶다.
그리고 세상에서 가장 빛나는 사랑 이야기를 쓰고 싶다.

그 사랑을 전하기 위해 고향땅을 떠나 먼 타국으로 발걸음을 옮겼던 수많은 사람들, 그들을 통해 쓰인 사랑 이야기들이 지금도 세상 어디엔가 보석처럼 빛나며 남아 있을 것이다.

아무리 퍼부어도 사랑을 받을 줄 모르는 닫힌 영혼들.

겨우 그 마음 문 열어 놓으면, 받고 또 받기만 하면서 조금이라도 더 얻어 내려고 끝없이 욕심만 부리는 사람들.

겨우 한 사람 변화시켜 놓으면, 이리 저리 눈치를 보다가 곧 실속을 챙겨 달아나는 사람들.

그들을 위해 애태우며 기도하다가 속상하고 힘이 들어 울음을 터뜨리고 마는 그 서러움.

그 마음을 체험한 사람만이 그 사랑을 배운다.

1995년 겨울 티베트의 수도 라싸를 방문했을 때 만났던 어느 선교사 부부가 생각난다. 고산지대의 겨울은 음산하고 황량하여 거리마다 모래바람이 죽음의 그림자를 몰고 이리저리 굴러다니고 있었다. 우리는 비좁고 을씨년스러운 집으로 들어가며 '어떻게 이런 곳에서 살 수 있을까' 하고 기가 막힌 심정으로, 우리를 맞이하는 부인을 바라보았다. 미국에서 살다가 왔다는 그녀의 얼굴은 매서운 고산 바람에 온통 터지고 거칠게 갈라져 있었다. 양 볼은 자외선에 오래 노출되어 현지의 티베트 여인들과 다름없이 마치 설익은 사과처럼 발갛게 물들어 있었다. 그 부인의 얼굴을 바라보는데 그냥 이유도 없이 눈물이 쏟아졌다. 그날 밤, 그 부부에게 들었던 이야기, 티베트에서의 첫 크리스천을 얻기 위해 그들이 쏟았던 아름다운 사랑 이야기가 잊혀지지 않는다. 서장(西藏)의 대학생 하나를 섬기며 무조건적인 사랑을 퍼부은 지 몇 년 만의 일이었다고 한다. 그들을 철저히 무시하고 욕하며 따돌리는 그 집 앞에서 정성스레 준비한 음식을 들고 문을 열어 주기를 기다리며 몇 시간을 떨고 서 있었다. 얼마나 지났을까? 갑자기 문이 벌컥 열리며 그 학생이 나오더니 "당신은 왜 나를 이렇게 힘들게 합니까?" 하고는 엉엉 울음을 터뜨리며 결국 품에 안겼다고 한다.

그만큼은 아닐지라도, 절대로 변할 것 같지 않던 제자가 어느 날 눈물을 글썽이며 자신이 받은 사랑을 고백할 때 나 역시 함께 눈물지으며 그 사랑을 느낀다. 중국 남방에서 직장생활을 하며 또는 여러 나라에 유학을 떠난 제자들이 틈틈이 보내오는 편지들을 통해 그 사랑의 감격을 느낄 때도 있다. 한국과학기술원 (KAIST)에서 유학 중인 어느 제자가 보내온 편지도 있다.

교수님께

안녕하세요? 교수님의 학생 M입니다.

지금 저는 코스타 인터넷 사이트를 방문하여, 교수님이 쓰신

글들을 읽고 있습니다. 읽으면서, 우리들이 받은 사랑이 얼마나 큰 것이었는지를 깨닫습니다. 그런데도 적다고 푸념까지 했던 우리들이었군요. 교수님과 사모님과 다니엘의 삶은 고난에 가까운 것을…….

어린 다니엘을 가르칠 때 좀더 열심히 가르치지 못한 것이 후회되는군요. 걔가 저보고 "형, 저 힘들어요"라고 했던 말의 뜻도 이제야 이해할 것 같습니다. 옛날에는 그저 막연하게 '이국땅에서 생활하는 게 힘들겠지'라고만 생각했어요. 다행스럽게도 몇 년 동안 교수님의 지도학생으로 가르침을 많이 받아 왔지만, 교수님과 멀리 떨어져 있는 지금에야 제가 아주 행운아였다는 것을 알았습니다. 가끔씩, 내가 만약 교수님과 같은 처지라면 이렇게 중국까지 올 수 있었겠는가 고 생각도 해 봅니다.

교수님의 제자라고 하기엔 아직 많이 부끄럽군요. 하지만 교수님, 기다려 주세요, 꼭요. 교수님이 원하는 제자로 클 때까지요. 교수님이 중국 땅을 밟으신 것처럼, 언젠가는 저도 북한 땅을 밟고 싶습니다. 그분이 이끄심과 함께…….

　　　　　　　　한밭, 계룡산 기슭에서, 제자 M 올림.

2002년 겨울 토론토를 방문했다가, 1888년 조선 땅을 밟았던 캐나다 선교사 게일의 생가를 찾아간 적이 있다. 어느 목사님께서 나이아가라 폭포를 구경시켜 주겠다고 아침 일찍 찾아오셨다. 폭포를 향해 가던 중 게일 선교사 이야기가 나와 가던 차의 방향을 중도에서 북쪽으로 틀었다. 그러나 그날따라 폭설이 내리기 시작하면서 우리의 시야를 가렸다. 여기 저기 길목에서 경찰들이 바리케이드를 치고 더 이상 올라가면 위험하다고 가로막았다. 그러나 모처럼 찾아온 나에게 게일의 생가를 꼭 보여 주길 원하셨던 그 목사님은 끈질긴 집념으로 가시거리가 전혀 없는 위험한 눈길을 이리저리 헤매며 몇 시간 만에 마침내 그 집을 찾아내었다. 차에서 내려서 100미터 정도를 걸어가는데, 얼마나 바람이 무섭게 몰아치는지 몸이 번쩍번쩍 들리는 것만 같았고 눈보라에 안경은 곧 얼어붙어 버렸다. 게일의 생가 앞에서 겨우 사진 몇 장을 찍고 황급히 돌아와 다시 차를 탔다. 차 안은 따뜻하고 조용하여 바깥의 눈보라를 전혀 의식치 못하는 딴 세상 같았다. 묵묵히 기도를 하는데 눈물이 쏟아졌다. 바로 그 먼 옛날 이곳에서 어두움에 갇힌 조선 땅을 밝기 위해 소명의 길을 떠났을 스물다섯 살의 젊은 청년 게일의 모습이 그려졌다. 그들의 헌신과 사랑의 수고를 통해 조선 땅에 빛이 들어오고 생명의 역사가 시작되었기 때문이다.

힘들고 지칠 때마다 사무실과 집의 벽에 붙여 놓고 한 번씩 읽어 보는 언더우드 선교사의 시가 있다.

뵈지 않는 조선의 마음

주여! 지금은 아무것도 보이지 않습니다.

주님, 메마르고 가난한 땅

나무 한 그루 시원하게 자라 오르지 못하고 있는 땅에

저희들을 옮겨 와 심으셨습니다.

그 넓고 넓은 태평양을 어떻게 건너왔는지

그 사실이 기적입니다.

주께서 붙잡아 뚝 떨어뜨려 놓으신 듯한 이곳

지금은 아무것도 보이지 않습니다.

보이는 것은 고집스럽게 얼룩진 어둠뿐입니다.

어둠과 가난과 인습에 묶여 있는 조선 사람뿐입니다.

그들은 왜 묶여 있는지도,

고통이라는 것도 모르고 있습니다.

고통을 고통인 줄 모르는 자에게 고통을 벗겨 주겠다고 하면

의심부터 하고 화부터 냅니다.

조선 남자들의 속셈이 보이지 않습니다.

이 나라 조정의 내심도 보이지 않습니다.

가마를 타고 다니는 여자들을 영영 볼 기회가 없으면 어쩌나

합니다.

조선의 마음이 보이지 않습니다.

그리고 저희가 해야 할 일이 보이질 않습니다.

그러나 주님, 순종하겠습니다.

겸손하게 순종할 때 주께서 일을 시작하시고

그 하시는 일을 우리들의 영적인 눈이 볼 수 있는 날이

있을 줄 믿나이다.

"믿음은 바라는 것들의 실상이요, 보지 못하는 것들의

증거니"라고 하신 말씀을 따라

조선의 믿음의 앞날을 볼 수 있게 될 것을 믿습니다.

지금은 우리가 황무지 위에 맨손으로 서 있는 것 같사오나

지금은 우리가 서양귀신 양귀자라고

손가락질 받고 있사오나

저희들이 우리 영혼과 하나인 것을 깨닫고,

하늘나라의 한 백성, 한 자녀임을 알고

눈물로 기뻐할 날이 있음을 믿나이다.

지금은 예배드릴 예배당도 없고 학교도 없고

그저 경계의 의심과 멸시와 천대함이 가득한 곳이지만

이곳이 머지않아 은총의 땅이 되리라는 것을 믿습니다.

주여! 오직 제 믿음을 붙잡아 주소서!

우리 앞에 가신 믿음의 선진들, 그들이 남긴 사랑의 발걸음들,
그 발자국 위에 우리가 서 있다. 양화진[1]에는 국적을 초월하여

죽기까지 조선 백성을 사랑했던 외국인들의 아름다운 아가페 흔적이 아직도 남아 있다. 그들의 믿음대로 이루어진 오늘날 한국의 실상을 확인하며, 중국과 북한 땅을 향한 새로운 사랑의 역사를 믿음으로 바라본다. 연세대학과 이화대학을 세우고 배제학당과 숭실대학을 세웠던 분들의 소망이 이제 연변과학기술대학과 평양과학기술대학으로 이어져 가고 있는 것이다.

우리가 부르다가 죽을 그 사랑의 이름은 십자가에 새겨진 아가페이다.

---

1) 서울시 마포구 합정동에 있는 외국인 묘지. 연세대학을 세운 언더우드 일가와 배제학당과 이화대학을 세운 아펜젤러, 스크랜튼 일가, 숭실대학 설립자 베어드를 비롯해 구한말과 일제시대에 한국을 위해 목숨을 바친 450여 명의 한국 개신교 선교사와 가족의 무덤이 있다.

열두 번째 이야기 **진리**

영원한 진리가
너희를 자유케 하리라

진 리

아비도 없고 어미도 없고 족보도 없고
시작한 날도 없고 생명의 끝도 없으며
변함이 없어 회전하는 그림자도 없는 분

영광의 광채요 본체의 형상이며
만물을 지으시고 만물을 붙드시며
만유의 후사로 만유 가운데 계신 분

평강의 왕이요 하나님의 제사장이며
세상의 빛이요 부활이요 생명이며
선한 목자로 처음부터 우리에게 말씀하신 분

자기를 비어 종의 형체로 사람들과 같이 되었으며
우리와 한결같이 시험을 받으시고
죄 없이 채찍에 맞으시며 멸시함을 받으신 분

그분에게 빌라도가 물었다.
진리가 무엇이냐?
그리고 그를 십자가에 못박아 죽였다.

그가 흘린 피가 이천 년을 흘러 흘러
오대양 육대주를 돌고 돌아 또다시 세상을 향해 묻는다.
진리가 무엇이냐?

진리는 내 이웃집 아이 이름이다.
아이가 봄 햇살 속에서 자유롭게 뛰어노는 모습을 바라본다.
진리는 가까이 있다.

영원한 진리가 너희를 자유케 하리라

대학에 입학하고 나서 첫 등굣길, 신입생을 환영하는 여러 현수막들이 가득한 캠퍼스를 꿈에 부풀어 더듬어 올라갈 때, 창공에 휘날리며 내 눈을 사로잡는 한 글귀가 있었다.

"진리가 너희를 자유케 하리라."

어느 단체에서 내다 붙인 현수막이었는지 기억할 수 없고, 그때는 그 글이 예수의 말씀인 것조차 몰랐지만, 그 글을 바라보던 내 마음이 갑자기 두근거리기 시작했다. 내면 깊은 곳에서 대학생활의 막연한 기대와 용솟음치는 희망이 부풀어 올랐다. 대학 입시라는 질곡을 통과하여 마침내 자유의 바닷가 앞에 위풍당당하게 선 것처럼, 지난날 나를 둘러싸고 있던 모든 유아기적인 몽상과 신화로부터 탈출하여 진리의 대양으로 마음껏 노 저어 갈 수 있을 것 같은 감회에 사로잡혔다. 그러나 그것은 착각이었다.

싱그러운 봄날 부푼 가슴으로 진리와 자유에 대한 동경심을 품고 찾아간 강의실, 어느 젊은 교수의 실존주의 철학 강의로 나의 대학생활은 시작되었다.

"인간은 피투성(被投性)이다."

아무 이유도 아무런 목적도 없이 이 세상에 그저 던져진 존재로서의 인간, 그 실존의 인식으로부터 인생이 시작된다는 그의 말에 나는 순간 당황하였다. 그것은 어쩌면 앞으로 펼쳐질 피비린내 나는 대학생활에 대한 예고요 선언이기도 했다. 모호한 것이 약간은 멋있어 보이던 그 교수의 강의에서 내가 받았던 감정은, 절반은 매력적이게 느껴지면서도 다른 한편에서는 좀처럼 받아들이기 힘든 본능적 거부감이었다. 만일 인생이 그와 같다면, 우리는 무엇을 위해 이렇게 줄달음질치는 것인가? 또한 삶을 지배하는 절대 진리가 존재하지 않는다면, 진정한 자유란 과연 존재할 수 있는가?

독재 정권의 시녀로 전락해 자유로운 학문 정신을 상실하고 피폐해진 캠퍼스, 지성의 전당이라고 상상하던 교실 안에서 자행되는 공공연한 부정행위, 절대 권위의 부재로 인한 영적 빈곤 상태를 권위주의로 억누르는 교수들에 대한 실망들로 진리와 자유에 대한 대학생활의 꿈이 허상이었음을 점차 깨달아 가던 그해 가을, 캠퍼스는 최루탄 연기 속에서 첫 휴교를 맞이했다. 그리고 최루탄과 실연의 따가움에 뒤섞인 눈물을 흘리며 진리를 향한 내 인생의 길고 험한 장외투쟁의 노정이 시작되었다. 그리고 20대의 청춘을 술과 담배연기 속에 쏟아 붓고, 먼 길을 돌고

돌아 마침내 진리를 찾게 되었을 때, 나는 다시 그 자리 같은 곳
으로 되돌아와 있었다.

■ ■ ■

맹인으로 살다가 눈을 뜨게 된 사람의 마음이 어떠할까? 그토
록 보고팠던 딸 효녀 심청의 얼굴을 보고 울다 웃다 너무 좋아서
덩실덩실 춤을 추었을 심 봉사의 마음을 생각해 본다. 흑암의 세
월 속에서 살다가 광명의 세계로 옮겨간 사람의 그 자유함, 얼마
나 기뻤을까? 그러나 더러는 시각장애인이 되어 겪는 육체의 고
통 가운데에서 비로소 진리의 빛을 찾은 사람들의 이야기를 듣
게 된다. 《낮은 데로 임하소서》의 안요한 목사님 이야기에 우리
는 또 다른 감동을 맛본다. 참 자유란 반드시 육신의 질병과 고
통에서 해방만을 의미하지는 않는다.

나는 2003년 캐나다 토론토 코스타에서 아주 특별한 두 사람
을 만났다. 한창의 젊은 나이에 시력을 잃은 안요한 목사님과,
불의의 교통사고 화상으로 청초했던 소녀의 아름다움을 잃은 이
지선 자매가 함께 강사로 참석한 것이다. 흑암 속에서 잔잔히 빛
나는 촛불을 바라보듯 그 두 사람의 간증을 듣는 동안 아름다움
의 본질과 영혼의 자유함에 대한 근원적 생각을 다시 다듬게 되

었다. 인간으로서 감내하기 힘든 절체절명의 순간에도 그들 안에서 타오르는 아름다운 생명의 빛은 꺼지지 않았던 것이다. 그들의 간증은 우리의 건강한 육체를 오히려 부끄럽게 하였다. 이 지선 자매의 정금같이 순수한 간증을 듣고 난 후, 안요한 목사님은 그의 맑고 투명한 두 눈을 허공을 향해 깜박이며 이렇게 말했다.

"자매야말로 우리의 자랑스러운 미스코리아 진입니다."

육순의 이 시각장애인 목사가 보았던 것이 무엇일까? 육신의 아름다움을 상실한 한 여인의 아름다운 영혼을 향한 그 고백이야말로 진리 속에서 위대한 자유를 체득한 자만이 낼 수 있는 승리의 목소리였다.

날 때부터 소경된 자를 두고 제자들이 예수께 묻는다.

"누구의 죄 때문입니까? 자기 죄입니까? 아니면 부모의 죄입니까?"

그러나 예수의 대답은 전혀 다르다.

"그가 소경된 것은 누구의 죄 때문이 아니라 하나님의 하시는 일을 나타내고자 함이다."

예수는 종종 소경의 눈을 뜨게 하는 기적을 행함으로 자신의 빛 되심을 나타냈다. 그러나 그를 보고도 믿지 않는 자들에게는 반드시 심판이 있을 것을 선언하였다.

"내가 심판하러 이 세상에 왔으니 보지 못하는 자들은 보게 하고 보는 자들은 소경되게 하려 함이라"(요 9:39).

예수가 이 땅에 온 것은 어두운 세상 가운데 진리의 빛을 드러내기 위함이었다. 그러하기에 빛을 보고도 눈을 감아 피하는 자들은 스스로 소경된 자들이며 이미 심판의 길로 들어섰음을 선언하는 것이다.

육신의 질병과 영혼의 불구로 고통당하는 수많은 사람들, 저들에게 진리의 빛을 비추고 자유를 주기 위해 찾아온 예수. 그가 십자가에 매달려 당한 고통은 단순한 육체의 고통이 아니었다.

"아버지여, 만일 아버지의 뜻이어든 이 잔을 내게서 옮기시옵소서. 그러나 내 원대로 마옵시고 아버지의 원대로 되기를 원하나이다."

간절히 부르짖는 예수의 겟세마네 기도는, 십자가에서 임할 하나님의 진노와 심판의 잔에 대한 영적 두려움 때문이었다. 순종의 아들 예수가 한 번도 경험해 보지 못했던 아버지와의 영적 분리(分離)와 유기(遺棄)에 대한 공포와 두려움의 표현이었다. 겁에 질려 아빠 양을 찾는 어린양의 울음소리처럼 간절했던 그 기도. 사실상 그 형벌은 바로 우리들이 받아야 할 죄의 삯이었다. 그 시간 하나님의 진노의 잔을 깨닫지 못한 제자들은 여전히 깊은 잠에 빠져 있었다. 하나님의 심판이 다가오던 그 '야훼의 밤'에 애굽의 모든 이들이 잠이 들었던 것처럼……

아버지로부터 떨어져 나가는 것이 얼마나 두려운 것인지 아들은 잘 알고 있었다. 그러나 아들의 절규 앞에서 하나님은 침묵하신다. 우리에게 임할 심판은 오직 어린양이 흘린 피로만 대속될 수 있음을 아시는 하나님은 인류를 구원하기 위한 더 큰 사랑으로, 사랑하는 외아들의 고통과 외침을 외면하시는 것이다. 아들의 죽음을 통해 많은 사람을 아버지께 이끌어 살리는 것, 그것이 아버지의 뜻이었다.

"엘리 엘리 라마 사박다니. 나의 하나님, 나의 하나님, 어찌하여 나를 버리셨나이까?"

마침내 하나님은 그 아들을 버리셨다. 그리고 그 아들은 완전한 순종을 이루었다.

"다 이루었다."

순종의 아들 예수가 가장 높은 하늘 생명의 보좌에서 가장 낮은 땅 사망의 십자가로 내려와 마침내 숨을 거두는 순간, 그의 가슴에서 뿜어져 나온 엄청난 사랑의 빛이 흑암에 싸인 온 세상을 비추기 시작했다. 그 진리의 광채가 역사의 시공을 따라 흘러흘러 이 시간 이곳까지 이른 것이다. 그 섬광이 얼마나 강렬했던지, 그 기이한 빛을 한번 쏘인 사람마다 딱딱했던 머리와 얼어붙었던 가슴은 녹아내리고, 세상의 욕심을 향하던 옛 눈은 멀어 버리며, 새로운 영적 세계를 향해 눈뜨게 된다.

만주 벌판의 끝없이 펼쳐진 구릉지대에 초원의 신록이 한껏 물을 먹어 싱싱하게 오르고 있다. 무덤을 갈아엎어 세운 학교가 멀리서 보면 흰 파도 거품처럼 꿈틀거리며 그 능선을 따라 물결치듯 늘어서 있다. 화사한 주일 오후, 분홍색 벚꽃과 철쭉, 노란 개나리가 만발한 교내 정원에서 쌍쌍이 데이트하며 지나가는 대학생들 사이에 교직원 자녀 아이들이 깡충깡충 뛰논다. 이웃에 사는 동역자가 첫 딸을 낳고 이름을 '진리'라고 지었다. 그리고 다시 남동생을 보자 이름을 '길'이라고 지었다. 여섯 살짜리 내 아들 문영(데이빗)이도 길을 따라 진리와 어울려 함께 달린다.

정신지체장애 아들을 둔 고등학교 후배 J교수가 있다. 조심스레 발걸음을 옮기며 걸어가는 얼굴이 하얀 찬영(가명)이가 그 집 아들이다. 막내 문영이와 동갑인 찬영이를 바라볼 때마다 나는 항상 가슴 한 귀퉁이가 아리며 당황스런 마음을 감추게 된다. J교수가 후배여서 그럴까? 아니면 찬영이가 우리 아들과 동갑내기여서 그럴까? 가슴이 아프다. 그 부부를 도우려 해도 어떻게 도와야 할지 모르겠고 위로하고자 해도 어떤 한계를 느낀다. 천사와 같이 천진스런 찬영이를 간혹 안아 줄 뿐이다. 항상 밝음을 유지하며 지내는 젊은 그 부부가 기특하게 여겨지다가도, 그들이 비장애인 아동들을 바라보며 어쩌다 흘리는 눈물 앞에서 우리 부부는 어쩔 줄 몰라 가만히 외면한다. 장애를 안고 태어난 아들을 바라보는 J교수 부부의 마음에 담긴 고통과 절규를 우리는 다 알 수 없다. 찬영이를 위해서라면 무슨 일이든 다 할 수 있다고 사랑 고백을 하는 그 아버지의 마음 뒤에는 어쩌면 십자가 위에서 침묵하시던 아버지의 마음이 있지 않을지…….

J교수가 언젠가 대학생들 앞에서 특강을 했다.

"나는 여러분을 만나고 싶어서 이곳에 왔습니다. 여러분을 만나기 위해 연변과기대의 교수가 되는 것이 내 꿈이었습니다. 그래서 나는 박사가 되어야겠다고 결심하고 열심히 공부를 했습니다. 내가 가진 어떤 것을 나눌 수 있다는 것이 얼마나 행복한 일입니까? 인생의 참 행복은 내가 다른 사람을 행복하게 해 줄 수 있을 때 얻어집니다. 여러분이 장차 그런 사람들이 다 되기를 바랍니다. 그러나 나는 내 목숨보다 더 사랑하는 내 아들 찬영이를 바라보며, 과연 이 아이가 커서 누구를 행복하게 해 줄 수 있을 것인가? 하고 생각해 봅니다. 다른 사람을 행복하게 해 줄 수 없을 것이라고 생각했습니다. 아마도 그럴 수 있는 위치에 오르지 못할 것입니다. 여러분들에게 줄 수 있는 그 도전을 내 아들에게는 할 수 없다는 것이 너무 가슴 아팠습니다. 그러나 어느 날 아픈 자녀를 둔 다른 부모들이 찬영이 때문에 위로받는 모습을 보았습니다. 상처받은 다른 사람들을 찬영이가 위로해 줄 수 있었던 것입니다. 찬영이를 통해 다른 사람을 행복하게 하는 것은 그

사람의 조건이나 겉모습이 아니라 존재 그 차체라는 것을 깨닫
게 되었습니다. 사람은 사랑받는 만큼 존귀한 존재가 되고 사랑
하는 만큼 행복한 존재가 됩니다. 찬영이가 행복하게 해 줄 수
있는 사람은 많이 있습니다. 아버지인 나 역시 찬영이가 있음으
로 인해 정말 행복합니다."

지금도 순종의 아들딸들이 당하는 고통 뒤에는, 그것으로 당
신의 일을 나타내시고자 하는 아버지의 더 큰 사랑의 계획이 있
을 것이다. 우리는 그렇게 믿는다. 그 믿음으로만 함께 고통을
감내할 수 있다. 부활의 영광이 우리를 기다리고 있기 때문이다.

하나님을 대면한 사람에게는 빛이 난다. 모세가 시내 산에서
40일간 하나님과 함께 거한 후 내려올 때에 그 얼굴 꺼풀에서 광
채가 났다고 성경은 기록하고 있다. 중국으로 오기 직전 깊은 기
도로 매일 새벽 하나님과 만나던 무렵, 사람들은 고개를 갸우뚱
하며 내 얼굴에서 어떤 광채가 나는 것 같다고 했다. 그 이후로
하나님과 깊은 교제를 하는 동역자들의 얼굴에서 은혜의 광채가
발하는 것을 드문드문 경험하기도 했다.

우리가 언젠가 새 하늘과 새 땅의 천국에서 하나님을 얼굴과
얼굴로 대면하여 만나게 되는 날, 희미하게 깨달아 보던 그 진리
의 빛을 완전히 바라볼 날이 올 것이다. 그곳은 하나님이 모든
눈물을 그 눈에서 씻기시는 곳이며, 다시는 사망이나 애통하는

것이나 곡하는 것이나 아픈 것이 없으며, 이전에 있던 모든 상처와 질병들이 다 지나간 곳이라고 성경은 예언하고 있다. 새 예루살렘 그 성에는 하나님의 영광이 가득하고, 진리의 빛이 지극히 귀한 보석처럼 수정처럼 빛나며, 해와 달의 비췸이 소용이 없고 오직 어린양 예수가 등불이 되며 만국의 백성들과 만왕들이 그 빛 가운데 지나갈 것이다.

그 행렬 가운데는 통일된 조선의 백성들도 흰옷을 입고 얼굴에 광채를 내며 함께 줄지어 지나갈 것이다. 거기에는 더 이상 한국인과 북한 사람의 경계도 없을 것이요, 중국 조선족과 미국 교포의 구분도 없을 것이다. 재일교포와 사할린 동포가, 우즈베키스탄의 고려인 3세와 브라질의 교포 2세가 함께 어울려 웃으며 지나가지 않겠는가? 연변과기대 졸업생과 한동대학 졸업생이, 평양과기대 출신과 포항공대 출신이 함께 지나갈 것이다. 목사요 장로요 집사의 구분도 없을 것이며, 기업 총수와 문지기의 구분도 없을 것이다. 북한의 탈북자와 순교자가 나란히 걸어갈 것이다. 한족과 조선족이 하나가 되고, 이라크인과 미국인이 하나가 되어 예수 앞으로 모여들 것이다. 그때 거기서, 앞서 간 루카스와 상재가 웃으며 손짓하고 한별이와 요셉이가 반갑게 마중 나올 것이다. 그리고 빛나는 나팔 소리에 맞추어 찬영이와 문영이가 씩씩하게 어깨동무로 함께 걸어갈 것이다.

"내가 곧 길이요 진리요 생명이니 나로 말미암지 않고는 아버지께 올 자가 없느니라.”

　말씀하신 그분이 인자하게 웃으시며, 다시 한 번 영원한 진리
를 우리에게 확인시켜 주실 것이다.

　“진리를 알지니, 진리가 너희를 자유케 하리라”(요 8:32).

에필로그

유월의 벅찬 함성을 다시 고대하며

이 책은 2002년 유월에 시작해서 2003년 유월에 끝을 맺었
다. 코스타를 향해 달려온 길목에서 2002년에 루카스를 처음 만
났고, 2003년에는 또 다른 루카스, 요셉이와 한별이를 만나야
했다.

미국 코스타의 중보기도팀으로 참석하기 위해 고속도로를 운
전하던 K형제 가정이 급작스런 교통사고로 막내 요셉을 천국에
보내게 되었다. 그 아픈 사연을 두고 얼마나 많은 간구와 눈물이
있었는지 모른다. 중태에 빠진 가족의 소식이 병원에서 시시각
각 전해지고 있었다. 헬기로 다른 병원에 후송된 요셉이의 뇌사
가 임박했다는 소식이 들렸다. 중상을 입은 K형제가 전화기를
통해 죽어가는 아들을 향한 눈물의 마지막 대화를 하였다.
"요셉아, 아빠가 너에게 잘 대해 주지 못해서 정말 미안하다.
하지만 너는 이제 네 친엄마를 만날 수 있어서 너무 좋겠구나.

그리고 예수님도 만나고……. 이제 하나님 앞에 가면서 이렇게 기도하자. 너를 살리려고 그렇게 애썼을 그 병원 간호사들과 의사선생님들에게 감사하자. 그리고 이 병원과 네가 있는 그 병원이 하나님 앞에 쓰임받는 병원이 되게 해 달라고 기도하자. 요셉아, 잘 가라. 이제 곧 다시 만나자."

요셉이 입양된 아이였다는 사실이 알려지고, 그것을 지켜보던 많은 의사와 간호사들에게 기도의 내용이 전달되었다. 깊이 감동한 병원 사람들은 긴급회의를 거쳐 K형제를 특별 앰뷸런스로 후송하여 아들의 임종을 지켜볼 수 있도록 숨 가쁜 조치를 취했다. 심장박동이 남아 있는 요셉의 장기를 기증할 것인가 하는 긴박하고 어려운 판단을 해야 하는 순간이 있었다. 마침내 요셉의 죽음은 생명의 역사로 나타나, 죽어가는 다른 아이들의 생명을 살리게 되었다는 소식을 접했다.

그리고 이제 나는, 한별이라는 더 큰 루카스 앞에 서 있다. 갑작스런 교통사고를 당해 열여섯 살 큰아들을 처참하게 잃은 토론토의 한 가정을 방문한 우리 부부는 얼마나 괴롭고 힘이 들었는지 모른다. 그 아이의 영어 이름이 우리 큰아들과 같은 다니엘이어서 그랬을까? 사진에서 보니 키가 훤칠하고 수려한 용모, 깊은 눈매가 마치 내 아들처럼 느껴졌다.

우리 부부가 토론토에서 머물렀던 사랑하는 Y형제 가정이 있다. 그 가정이 캐나다에 이민 와서 어려움을 겪을 때, 바로 옆집에 살면서 발 벗고 나서서 도와주며 친동기간보다 더 정답게 지내던 C목사님이 있었다. 그 두 가정이 얼마나 가까웠던지, 아이들끼리는 한데 어울려 지내며 서로 제집처럼 드나들었으며, 매일 저녁 식탁을 나누고 왕래할 정도였다. 그러던 어느 날 Y형제의 큰아들이 C목사의 큰아들 한별이를 태우고 부모의 차를 운전하다가 집 근처에서 트럭과 충돌, 옆자리에 앉았던 한별이가 곧바로 하늘나라로 가고 만 안타까운 사건이 벌어졌다. C목사는 수요예배 말씀을 전하던 중 찾아온 경찰에게 비보를 전해 듣고 그 자리에 주저앉고 말았다.

아들의 장례식 때 두려움에 떨고 있던 믿음이 연약한 Y형제 부부를 오히려 위로했다는 C목사 부부. 그 신앙의 모습을 전해 듣고, 평생 예수를 모르던 Y형제 부모가 마음을 열고 교회에 발걸음을 내딛는 일도 일어났다. 그러나 어느 한 군데 흠잡을 데 없던 아들, 학교에서도 출중한 성적과 평판으로 항상 칭찬받던 아이, '책을 든 소년'이라는 별명까지 붙을 정도로 생각이 깊어 나중에 큰일을 감당하리라 믿었던 장남의 죽음은 시간이 지나면서 이 부부에게 더욱 큰 아픔으로 되살아났다. 심한 상실감에 시달리면서도 목사이고 사모였기에 그 고통을 믿음과 용서로 극복하려고 애쓰는 그들, 바로 이웃에서 오가며 그 모습을 볼 때마다 죄의식으로 중압감에 숨가빠하는 Y형제 부부, 이들의 안타까운 모습을 우리 부부는 중간에서 번갈아 바라보아야만 했다.

무심한 아이들은 여전히 어울리며 두 집을 왕래하고 어른들의 마음은 점점 옥죄어 오고 있는데, 어떻게 해야 이 두 가정이 하나로 다시 만나며 아픔이 치유되고 회복될 수 있을까? 매일 밤 루카스가 나를 찾아왔다.

그러던 어느 날, 아내가 아침에 일어나더니 해쓱한 얼굴로 말했다. 지난밤에 우리 막내 데이빗이 물에 빠져 죽는 꿈을 꾸었는데, 너무 가슴이 쓰라리고 아팠다는 것이다. 마침 큰아들 다니엘이 인디언 마을 선교로 바닷가에 나가 있었기 때문에 우리 부부는 심한 두려움에 휩싸였다. 수영도 잘 못하는 그 아이에게 혹시 어떤 사고라도 있지 않을까 걱정하며 기도하는 가운데, 내면 깊은 곳에서 성령께서 신음하며 아파하시는 음성이 들려오기 시작했다. 그것은 바로 옆집 C목사 부부가 겪고 있는 고통스런 마음이라는 것을 곧 깨닫게 되었다. 그리고 며칠 후 우리는 그 집을 방문하여 그 부부의 아픔을 눈물로 함께 나누었다.

그 주간 아내는 그 집 거실의 피아노 앞에 앉아 같은 노래를 쉴 새 없이 반복하여 불렀다.

내 마음에 주를 향한 사랑이
나의 말엔 주가 주신 진리로
나의 눈에 주의 눈물 채워 주소서

처절한 십자가 찬송의 선율이 끊임없이 울려 퍼지는 가운데 나는 한별이의 생각에서 시종 벗어날 수가 없었다. 한별이의 죽음이 이 두 가정을 오히려 더 큰 생명으로 이끌 수는 없을까?

하나님의 사랑이 영원히 함께하리
십자가의 길을 걷는 자에게
순교자의 삶을 사는 이에게
조롱하는 소리와 세상 유혹 속에도
주의 순결한 신부가 되리라
내 생명 주님께 드리리

유월에 태어나서 열여섯 해 동안 부모의 가슴에 샛별같이 빛나던 아이 한별이의 짧은 생애와 죽음은 과연 무슨 의미였을까? 그리고 사랑하는 아들의 죽음 앞에서 죽도록 아파하면서도 그 아픔을 사랑으로 품어야 하는 부모의 마음은 어디서 온 것일까?

한별이는 상처받은 모든 부모 된 자의 아픔이요, 하나님께서 아픔 가운데 우리들에게 내어주신 그 아들 루카스임을 다시금 깨우친다. 그것이 나에게 던져진 영원한 루카스의 질문이요 또 해답이었다.

토론토를 떠나던 날, 이제 목회를 그만두고 남은 생을 선교사로 헌신하고자 준비하는 C목사님 부부와, 그의 남은 아들을 맡아서 돌보겠다고 자원한 Y형제 부부의 마음을 전해 들었다. 한 별이를 통해 앞으로 이 두 가정에 나타날 하나님의 더 크신 사랑과 생명의 역사를 위해 기도하며 비행기에 올랐다.

■ ■ ■

초록이 깊어 가는 유월은 우리에게 다시 벅찬 감격과 희망을 안겨 준다.

졸업을 앞둔 학부 학생들이 사은회를 하겠다고 교수님들 가족을 모두 초대했다. 며칠 전부터 학교 강당을 빌려 무슨 준비를 하는지 끙끙대더니만, 마침내 그날이 왔다. 강당으로 들어가 보니 교수들을 위해 정성스런 테이블을 마련하고 다과와 함께 아기자기한 풍선 장식으로 꾸며 놓은 것들이 눈에 들어왔다. 우리 조선족 학생들의 순박한 마음이 느껴졌다. 졸업생들은 보이지 않고 무대 앞에 휘장이 가려져 있더니 잠시 후에 불이 꺼졌다. "당신은 사랑받기 위해 태어난 사람……" 하는 노래 선율이 흐르며 한복을 곱게 차려입은 여학생들과 신사복을 입은 남학생들이 손에 촛불을 들고 두 줄로 갈라져서 무대 앞으로 나아왔다. 그 모습이 너무나 감동적이어서 놀라고 있는데, 한 여학생이 감사의 글을 낭독하고 모두가 앞으로 나와 큰절까지 했다.

사랑하는 교수님들께

과기대에서 저희가 보낸 지난 4년의 시간은, 정말 너무너무
행복한 순간들이었습니다. 하나하나 방황하는 우리의 심령
에 눈물과 피땀으로 새로운 꿈을 심어 주신 교수님들, 감사
의 언어로는 너무도 부족하다고 생각합니다. 하지만 한 해
한 해 지나면서, 커 가고 있는 우리의 모습이 교수님들한테
는 얼마나 큰 기쁨인지 이제 이해할 것 같습니다.
한 알의 씨앗은 떨어져 썩은 후에야 열매를 맺을 수 있습니
다. 교수님들의 우리를 위한 아낌없는 배려는 언젠가 그 열
매를 맺을 수 있다는 걸 믿고 있습니다. 비록 지금은 아닐지
라도, 또 혹시 지금은 너무 실망스러울지라도 우리는 결코
포기할 수 없는 꿈, 아니 비전이 있기에 그 밝은 곳으로 열심
히 달리겠습니다. 비록 어둠 속에서 가끔 슬피 울고 있던 우
리의 모습이 있었고, 인생의 지루함 속에서 방황하는 우리의
영혼이 있었고, 길을 찾지 못해 갈팡질팡하던 우리의 발길이
있었습니다. 하지만 그때마다 따뜻이 잡아 주시던 교수님들
의 손을 기억합니다, 그때마다 같이 울면서 위로해 주시던
교수님들의 얼굴을 기억합니다. 때론 잘못한 우리에게 너무
실망한 나머지 화내시던 교수님들의 모습도 기억합니다. 그
때는 더러 불평과 원망을 품었지만 지금은 알 것 같습니

다. 교수님들께서 얼마나 우리를 사랑하시는가를. 이젠 우리의 마음을 합하여 교수님들께 말하고 싶습니다. 사랑합니다. 그동안 정말 고마웠습니다.

교수님들의 꿈은 꼭 이루어질 것이며, 우리는 우리의 꿈을 안은 채 사회로 발걸음을 디디게 될 것입니다. 비록 시작은 미미하지만 신실한 꿈과 진실한 마음, 참된 자세로써 작은 일을 큰 일로 만들 것이며, 큰 일을 기적으로 만들겠습니다. 우리의 학교가 세워진 것은 기적입니다. 교수님들께서 여기에 오신 것도 기적입니다. 우리가 여기에 하나로 모일 수 있는 것도 기적입니다. 하지만 가장 놀라운 기적은 바로 교수님들께서 우리를 사랑하신다는 것입니다.

이젠 교수님들께서 우리에게 남겨 준 그 과제를 우리가 스스로 메고 가야 할 시간이 되었다고 생각합니다. 우리는 믿습니다. 우리의 뼈가 세월 속에서 한줌의 흙이 되고 우리의 이름이 사람들 속에 묻혀서 아주 사라진다 하여도 우리의 목소리, 우리의 외침은 하늘의 저편 끝까지 남아 있을 것입니다. 교수님들께서 말씀하셨던 것처럼 이 땅에 진리, 평화, 사랑, 이 세 마디가 영원히 메아리치게 될 것입니다.

2003년 6월 13일, 99학번 졸업생 일동

■ ■ ■

　1926년 6월 10일, 일제의 폭정에 민족의 미래와 희망을 찾기
힘들었던 시절, 우리 선조들은 태극기를 흔들며 종로 거리로 뛰
쳐나와 6·10만세로 그 돌파구를 찾았다. 또한 군사 독재의 마지
막 폭거에 쐐기를 박기 위해 노도와 같은 민주화의 물결을 서울
역 시청 앞 거리로 쏟아 부었던 1987년의 유월항쟁을 기억한다.
새 천년을 맞으며 통일을 향한 한 발짝 걸음으로 온 겨레의 마음
을 설레게 하였던 6·15공동선언이 있었다. 그리고 2002년 유
월, 전 국민의 가슴을 붉게 물들이며 하나로 뭉치게 한 거대한
승리의 함성이 전 세계를 놀라게 하였다.

　"오, 필승 코리아!"

　《치유의 꿈, 루카스 이야기》를 위한 긴 여정의 마지막을 장식
하며, 나는 마침내 그토록 그리던 북한 땅을 밟게 되었다. 동양
의 예루살렘이라고 불리던 평양성, 그 무너진 성벽 터에서 그들
과 함께 예배를 드리며 찬양하는 기쁨을 맛보았다. 달리는 차창
을 스쳐 지나가는 거리의 아픔들을 숨죽이며 바라보았고, 반세
기를 지나도록 숨어 있던 맑고 아름다운 산하와 순박한 얼굴들
을 만났다. 묘향산 계곡에서 어깨춤을 추며 놀던 한 무리를 보았
을 때에는 무엇에 홀리기라도 한 듯 우리 일행은 누구의 허락도

없이 그 춤판에 즉흥적으로 뛰어들었다. 돌발적인 사태에 일순간 당황하던 북측 안내원들도 손에 손을 맞잡고 돌아가는 흥겨운 조선의 춤 장단을 막아서지는 못했다. 그야말로 이념과 세월을 뛰어넘어 겨레의 마음으로 하나가 된 감격스런 순간이었다. 손을 함께 잡았던 젊은 아낙네의 거친 손등에서 분단의 아픈 세월을 말없이 느꼈다. 더 놀고 가라는 간절한 눈빛과 손길을 뿌리치고 떠나야 했던 그 아쉬움은 내 속에 눈물의 기도로 소복이 남았다.

전 세계에 흩어진 한민족 청년들을 일깨우기 위해 시작된 유학생 신앙 부흥 운동, 코스타(KOrean STudent Abroad)가 있다. 2003년 코스타의 주제는 "Oh! Peace Korea!"였다. 미국에서 아내와 함께 공부하던 1990년 유월에 미국 코스타에 참석하여 중국과 북한을 향한 비전을 받은 이래, 1996년부터 줄곧 각국의 코스타를 강사로 섬기며 사명감을 가지고 후배들에게 도전의 메시지를 전해 왔다.

하나님이 내게 주신 한 가지 기도가 있다면, 고국을 떠나 공부하고 준비하는 코리안 디아스포라 청년들을 믿음으로 바로 세워 이 민족을 회복시키고 통일시키는 평화의 도구가 되도록 하는 것이다. 남과 북으로 갈라진 지 반세기가 지난 이 민족이 다시 만나 하나가 될 그날이 언제일는지. 전쟁과 원한의 총구가 사라지고 화해와 사랑의 가슴으로 서로 부둥켜안는 그날을 소망해 본다.

이스라엘이 나라를 잃고 성전이 무너져 내렸을 때, 그 나라를 다시 회복하고 예루살렘 성전을 재건했던 사람들은 모두 국외에 나가 있던 디아스포라 청년들이었다. 다니엘, 느헤미야, 스룹바벨, 학개, 에스라 같은……

역사의 위기 앞에 다시 우리는 서 있다. 다니엘의 비전과 느헤미야의 눈물이 필요하다. 스룹바벨과 에스라의 헌신이 필요한 시대다. 전쟁과 기근의 역사를 평화와 축복의 역사로 되돌리기 위하여 남북한의 교회와 성도가 회개하고 전 세계에 흩어진 한국인들이 함께 헌신하여야 한다.

내가 가르친 제자들이, 또 앞으로 가르칠 또 다른 제자들이 바로 그 일에 쓰임받을 수만 있다면! 남과 북의 갈라진 그 심령에 한 줄기 사랑과 희망을 안겨 주는 중재자들이 되어 평화의 사도들이 될 수만 있다면! 그리고 그 아우름으로 하나 된 젊은이들이 광활한 중국 대륙을 향해 뻗어 나가는 부흥의 초석이 될 수만 있다면!

그것이 내 꿈이요 바람이다.

유월은 또다시 찾아올 것이다.

그리고 그 유월에, 6·25의 아픔을 꺾고 온 민족이 하나 됨의 큰 함성으로 눈물 흘리는 벅찬 감동이 폭풍처럼 다시 휘몰아치기를 조용히 기다린다.

Oh! Peace Korea in Jesus!

하나 됨의 소망을 꿈꾸며, 연길 북산가에서 정진호

감사의 글

이 글을 쓰는 동안 하나님이 때를 따라 내게 붙여 주신 많은 상처받은 영혼들에게 감사한다. 그 가운데는 나와 아내 그리고 사랑하는 가족도 있다.

육체와 영혼의 연약함으로 인해 우리는 일상에서 크고 작은 상처를 얼마나 주고받으며 살아가는지. 상처로 인해 자신의 부족함을 깨닫게 하심은 정말 감사한 일이다. 우리 안에 있던 상처가 치유되는 과정에서 아버지의 뜻을 깨닫게 하신 것도 감사한 일이다. 상처는 치유받기 위해 존재할 뿐 아니라 다른 영혼을 치유하기 위해서도 존재함을 깨닫게 하심도 감사한 일이다. 상처가 아물고 나면 더욱 새롭고 단단한 살이 돋아남을 통해 회복의 기쁨을 맛보게 하신 것도 감사한 일이다.

곤하게 잠든 침대맡에서 살며시 일어날 때 모른 척 눈감아 주고 기다려 준 아내에게 감사해야 한다. 아빠와 지내야 할 시간들을 사랑으로 양보해 준 두 아들은 나의 영원한 연인들이다. 특히 다니엘은 이번 여름 오랜만에 이국에서의 휴가를 함께 보내는 엄마 아빠에게, 잃어버린 아들을 찾아 헤매는 아버지의 심정을 담은 영화 '니모를 찾아서'(Finding Nemo)와, 상처 입은 영혼들이 힘을 합하여 서로를 치유하는 아름답고 감동스런 이야기를 담은 영화 '씨비스킷'(Seabiscuit)을 추천하여 루카스 이야기의 주제를 깔끔하게 마무리할 수 있도록 영감을 주었다.

아들과 딸을 타국에 보내 놓고 상처 입은 가슴으로 살아가시는 부모님과, 이해할 수 없는 아쉬움 속에서 우리 가족을 이해하려고 애쓰는 형제들, 그들 모두에게 항상 빚진 자이다.

이국땅에서의 거친 삶, 부족한 모습 속에서 크고 작은 상처들이 있을지라도, 생수처럼 솟아나는 치유의 샘물로 서로를 보듬으며 살아가는 연변과기대 공동체의 300여 가족들, 그들 모두에게 루카스의 깊고 진한 사랑을 전한다. 상처 입은 가슴으로 만났다가 치유와 회복의 기쁨으로 떠나간 사랑하는 나의 모든 제자들에게 감사와 사랑의 메시지를 보낸다. 그들의 발걸음을 통해 상처 입은 또 다른 영혼들이 축복의 기쁨을 누릴 수 있도록. 마침내 개인과 민족의 상처들을 치유하고 하나 되게 하는 역사 속에 그들이 아름답게 쓰임받기를 간절히 기도한다.

'치유와 회복'의 화두를 제시하여 이 글들을 쓰도록 도화선을 당긴 2002 코스타 본부와, 매달 글 독촉을 해 주신 웹진 〈eKosta〉 편집부에도 감사를 드린다. 그리고 이 글을 쓰는 동안 줄곧 심하게 깨어져 상처 난 얼굴로 한밤을 함께 새우던 나의 노트북 액정 화면에게도 감사한다. 보이지 않는 글씨들을 이리저리 피해 가며 글을 쓰는 불편함 속에서 상처받은 영혼들의 어려움들을 조금이나마 더 이해하게 되었다.

루카스 이야기를 처음 세상에 알리도록 도움을 주었던 월간 〈낮은 울타리〉와, 이 책이 만들어지는 동안 루카스에 대한 관심과 사랑으로 조언을 아끼지 않았던 홍성사의 여러 식구들께 진심으로 감사를 드린다.

내 안에 있는 루카스와 내 주변에 있는 수많은 루카스들을 바라보며,

그들을 위해 오늘도 사랑의 눈물을 흘리시는 아바 아버지께 감사와 영광을 돌린다.

치유의 꿈, 루카스 이야기

지은이 정진호

2003. 12. 17. 초판 발행
2005. 4. 4. 3쇄 발행

펴낸이 이재철
만든이 정애주
편집 옥명호 이현주 한미영 한수경 김혜수
제작·미술 홍순흥 권진숙 서재은
영업 오민택 백창석
관리 이남진 박승기
총무 정희자 김은오
콩회원관리 국효숙 김경아

펴낸곳 주식회사 홍성사
1977. 8. 1 등록 / 제 1-499호
121-885 서울시 마포구 합정동 377-9
TEL. 333-5161 FAX. 333-5165
http://www.hsbooks.com
E-mail : hsbooks@hsbooks.com

ISBN 89-365-0204-2
값 8,000원 ※잘못된 책은 바꾸어 드립니다.
Printed in Korea

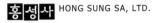 HONG SUNG SA, LTD.